주식 투자의 교과서, 참고서 아닌 실전 문제집이다!

따라하면
돈 버는
주식
노트

JN344332

조선일보

목차

04 　**프롤로그_** 원칙을 지키는 가치 투자 훈련

슈퍼개미들의 잃지 않는 투자 비법 1-1
'좋은 기업'을 싸게 사라

- **07**　안정적으로 성장하는 기업
- **08**　폭발적인 성장이 예상되는 기업
- **10**　꾸준히 고배당을 주는 기업

슈퍼개미들의 잃지 않는 투자 비법 1-2
좋은 기업을 '싸게' 사라

- **13**　적정 주가란?
- **16**　'싸게 산다' 숫자 5를 기억하자

슈퍼개미들의 잃지 않는 투자 비법 2
인내심을 가져라

- **23**　가치 투자를 위한 3가지 인내심

슈퍼개미들의 잃지 않는 투자 비법 3
기업분석보고서를 직접 써봐라

- **25**　기업분석보고서 어떻게 작성할까?
- **26**　『따라하면 돈 버는 주식 노트』를 먼저 접한 슈퍼개미들의 조언
- **28**　신문 읽기와 스크랩으로 투자 아이디어 찾기
- **30**　기업분석보고서 사례 및 작성 가이드

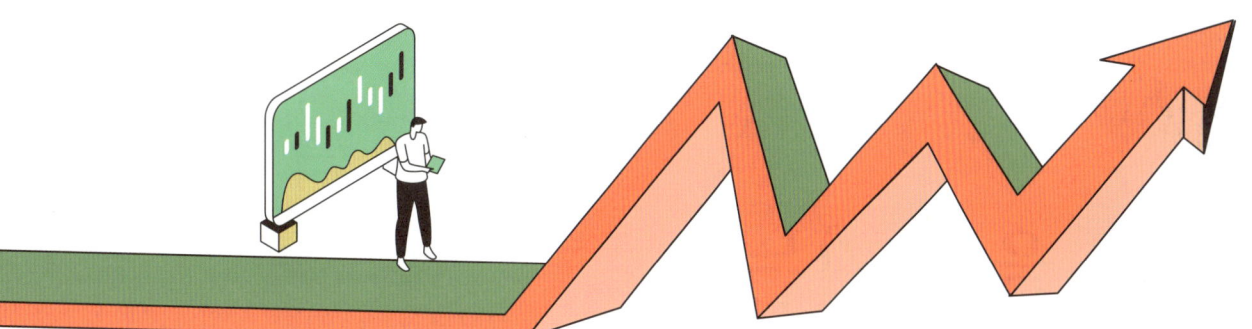

이것만은 꼭! 알아두면 좋은 투자 지식

- 40 참고 사이트
- 43 투자 명저(名著)로 배우는 한마디
- 45 진짜 기본 주식 용어
- 47 재무제표 읽기

기업분석보고서 워크북

- 51 **1단계** 기업 비즈니스 모델 분석
  2단계 경쟁 기업 및 장단점 분석
  3단계 향후 실적 전망
  4단계 기업 가치
  5단계 신문 스크랩

조선일보 경제 뉴스

- 64 바이든 첫해 증시 두 자릿수 상승률 보일 것… 빅테크株 더 간다
- 78 버핏 수익률 2,800,000%… "10년 투자안할 주식, 10분도 보유말라"
- 92 파산한 회사 주식이 급등하는 황당한 세상… 개미들이여 신중히 투자하라
- 106 28년간 1만4000% 수익… '英 펀드매니저의 전설' 앤서니 볼튼

프롤로그

원칙을 지키는
가치 투자 훈련

투자 초보자도 투자 원칙을 제대로 지킨다면 주식 투자로 부자가 될 수 있다. 조선일보에서 발행하는 경제지면 '조선경제'와 '민트(mint)'에는 세계적인 투자 전문가 워런 버핏, 하워드 막스, 켄 피셔 등이 자주 언급된다. 과연 이들의 투자 비법은 무엇일까? 그 답을 찾기 위해 이들이 소개된 기사와 관련 책을 읽어봤다. 그리고 이들의 영향을 받았다고 말하는 국내 슈퍼개미들도 만나봤다.

세계적인 투자 전문가와 국내 슈퍼개미들에게 공통점이 있었다. 이들 모두 '주가는 실적을 반영한다'라는 믿음을 가지고 있었다. 세계대전을 겪어도, 경제공황이 와도, 코로나 팬데믹 공포가 덮친 시기에도 좋은 기업은 성장한다는 믿음. 급락했던 주가는 어느새 기업 실적을 반영해 고공행진을 한다는 믿음. 좋은 주식을 싸게 사면 수익이 난다는 믿음. 이러한 투자를 '가치 투자'라고 말한다.

슈퍼개미들의 가치 투자 원칙

주식 투자에는 여러 방법이 존재한다. 수십억에서 수백억을 투자하는 투자 전문가들이 부를 이룬 방법도 다양하다. 소위 워런 버핏식 가치 투자와 차트를 활용하는 기술적 분석 투자가 대표적이다. 어떠한 방법이 옳다고 말할 수 없다. 그러나 가치 투자로 상당한 부를 축적한 슈퍼개미들은 초보자도 가치 투자만으로 성공적인 투자를 할 수 있다고 말한다. 주식 초보자가 따라하기 쉬운 투자 원칙을 3가지로 압축해서 소개한다.

원칙1 좋은 기업을 최대한 싸게 산다
매년 실적이 성장하는 기업을 최대한 싸게 산다. 예컨대 PER 5배 이하, 배당수익률 5퍼센트 이상인 기업을 매수한다.

원칙2 투자 수익은 인내심이 결정한다
좋은 기업이 싸게 거래되는 시점(매수)까지 기다리는 인내심, 목표 주가에 도달할 때(매도)까지 기다리는 인내심을 갖는다.

원칙3 기업분석보고서(투자 일지)를 작성한다
선택한 기업을 면밀히 분석하고 구체적인 수치로 기록한다. 신문·잡지를 읽으며 경제에 꾸준히 관심을 기울인다.

오늘부터 시작하는 '주식 노트'

조선일보에서 만든 『따라하면 돈 버는 주식 노트』는 주식 투자 이론서가 아닌, 실전 투자를 위한 활동지다. 투자 초보자가 투자 원칙을 몸에 익히도록 안내하는 가정교사이자 훈련서라고 할 수 있다. 수학 공부를 잘하기 위해서는 문제를 직접 많이 풀어볼 수밖에 없다. 외국어를 잘하기 위해서는 큰소리로 읽고 말하기를 반복할 수밖에 없다. 수학 노트와 영어 노트가 따로 있듯이 주식 투자도 마찬가지다. 이 노트를 통해 투자 전문가와 슈퍼개미의 원칙을 알고 스스로 반복 훈련한다면 부의 추월차선에 오를 수 있을 것이다.

이 노트에서는 가장 먼저 투자 고수의 투자 원칙을 3가지로 나누어 설명한다. 30~38쪽에서는 이 노트의 특징인 '기업분석보고서 워크북'을 토대로 LG생활건강(051900)을 분석한 사례를 설명한다. 39~49쪽에서는 주식 투자를 할 때 알아야 할 기본 용어와 참고 사이트를 소개한다. 활동지 곳곳에는 조선일보에 실린 세계적인 투자 대가들의 최신 기사가 삽입돼 있다.

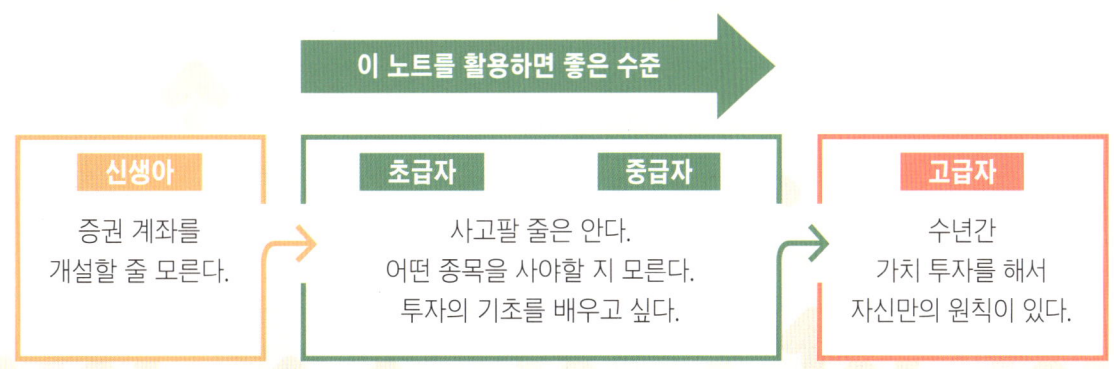

★이 책에서 언급하는 기업(종목)은 추천 기업이 아닙니다. 투자는 본인의 선택과 책임입니다.

'좋은 기업'을 싸게 사라

슈퍼개미들의 잃지 않는 투자 비법 1-1

슈퍼개미들은 주식 투자에서
'좋은 기업을 싸게 사는 것'이 가장 중요하다고 말한다.
높은 수익률은 종목을 얼마나 싸게 매수하는지,
매도 시점까지 얼마나 인내심 있게 기다리는지에 달려 있다.

 좋은 기업이란?

돈을 잘 버는 기업이다. 명분상으로 멋진 기업, 착한 기업이 아니다. 망하지 않을 기업이면서 앞으로 실적이 더 좋아질 기업이다. 주위를 둘러보자. 자신이 돈을 지불하는 회사, 즉 사용하는 전자제품과 먹는 음식만 봐도 좋은 기업을 알 수 있다.

좋은 기업은 성장하는 기업이다. 성장하는 기울기에 따라 안정적인 성장을 하는 기업과 폭발적인 성장을 하는 기업으로 나눌 수 있다. 또 현금 배당을 잘하는 기업을 하나 추가하여 편의상 크게 3가지로 구분해보자.

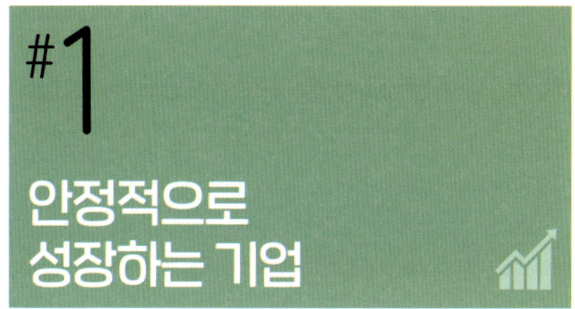

#1 안정적으로 성장하는 기업

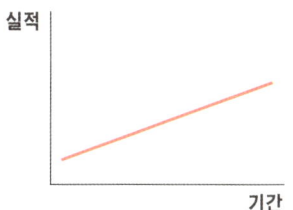

매년 실적이 5~10 퍼센트 내외로 꾸준히 안정적으로 증가하는 기업이다. 이른바 '대형 우량주'라고 불리는 기업들에 이런 기업들이 많다. 이들은 매년 물가상승률 이상으로 꾸준히 성장한다. 독점력이 있거나 특허로 보호받아서 경쟁사들의 공격을 쉽게 방어해 나간다. 마치 중세시대 성 주변에 파놓은 해자처럼 특별한 보호막이 있다. SK텔레콤(017670)과 같은 통신 회사, 삼성화재(000810)와 같은 손해보험회사, KB금융지주(105560)와 같은 대형 은행, 혹은 해당 산업에서 1등 기업들이 대표적이다.

투자 고수들은 이런 기업이 '감기'에 걸릴 때를 기다린다. 건강한 사람이 가끔 감기에 걸리듯 기업 활동에 1회성으로 살짝 문제가 생기는 경우가 있다. 일시적인 감기인데 마치 중병에 걸린 것처럼 시장에서 해당 기업을 오해할 때가 있다. 또는 기업에 문제가 없는데 경제 전반적으로 문제가 생기는 경우도 있다. 코로나 팬데믹으로 전세계 경제가 위축되고 증시가 불안했던 2020년이 대표적이다. 이 시기에는 안정적으로 성장하는 기업도 주가가 급락한다. 고수들은 하이에나처럼 이때를 절대 놓치지 않는다. 기업의 펀더멘털과 무관하게 시장에 의해 주가가 하락한다면 이는 좋은 기업을 저가에 매수하는 기회이기 때문이다.

이처럼 기회가 왔을 때 투자 고수처럼 기회를 잡으려면 미리 기업을 분석해 좋은 기업을 골

주요재무정보	2016/12 (IFRS연결)	2017/12 (IFRS연결)	2018/12 (IFRS연결)	2019/12 (IFRS연결)	2020/12 (IFRS연결)	2021/12(E) (IFRS연결)	2022/12(E) (IFRS연결)	2023/12(E) (IFRS연결)
매출액	216,861	220,136	222,090	229,068	240,449	192,553	196,566	200,663
영업이익	10,712	12,576	14,508	8,659	10,444	15,103	14,304	15,162
영업이익(발표기준)	10,712	12,576	14,508	8,659	10,444			
세전계속 사업이익	11,198	14,307	14,563	8,696	10,281	14,264	12,937	13,790
당기순이익	8,606	10,553	10,707	6,456	7,573	10,114	9,597	10,073
당기순이익(지배)	8,500	10,527	10,679	6,430	7,550	10,225	8,965	9,525
당기순이익(비지배)	27	26	28	26	23			

삼성화재 당기순이익(지배)

라나야 한다. 투자 초보자라면 익히 알고 있는 기업부터 분석을 시작해보자. 손해보험회사로 유명한 삼성화재를 예로 들어보자. 앞장의 [표]는 삼성화재의 재무제표다. 재무제표를 볼 때는 매출액, 영업이익, 당기순이익(지배)를 위주로 보면 된다. 삼성화재는 영업이익과 당기순이익(지배)이 매년 꾸준히 성장하고 있다.

#2 폭발적인 성장이 예상되는 기업

대형 우량주가 대개 5~10퍼센트 내외로 실적이 상승한다면, 폭발적인 성장이 예상되는 기업 부류는 20퍼센트, 많게는 30퍼센트 이상 실적 성장을 기대한다. 투자 고수들은 이런 기업 발굴에 탁월한 능력이 있다. 이처럼 고성장하는 기업은 2가지 유형이 있다. 하나는 새로운 산업이 생기는 경우, 다른 하나는 기존 산업의 실적이 갑자기 크게 증가(턴어라운드)하는 경우이다.

1 새로운 산업의 대표주자 '카카오'

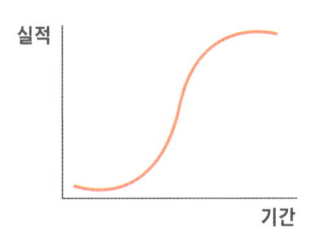

몇 년 전부터 사람들이 일상에서 가장 많이 사용하는 것 중 하나가 카카오톡이다. 과거에 없던 서비스다. 유선 전화만 있던 시대를 지나 이동통신이 개화한 초기에 사람들은 통화 위주의 서비스를 이용했다. 이후 휴대전화에서도 인터넷을 이용하더니 곧 카카오톡이라는 메신저로 실시간 연락하기 시작했다. 과거에 없던 서비스가 하나둘씩 생겨나는 것이다. 아래 [표]에서 카카오(035720)의 매출액과 영업이익을 보자. 불과 몇 년 만에 매출액과 영업이익이 수십 배 증가했다. 당연히 주가는 실적을 따라간다.

미국 기업인 테슬라를 시작으로 전기차가 점차 내연기관차를 대체하고 있다. 없던 시장이

전체	연간	분기			
	연간				
주요재무정보	2016/12 (IFRS연결)	2017/12 (IFRS연결)	2018/12 (IFRS연결)	2019/12 (IFRS연결)	2020/12 (IFRS연결)
매출액	14,642	19,723	24,170	30,701	41,568
영업이익	1,161	1,654	729	2,068	4,559

카카오 매출액과 영업이익

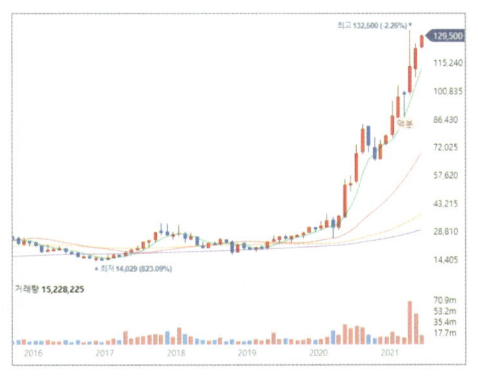

카카오 월봉 차트(2016~2021)

생기는 것이다. 전기차에 대한 관심이 뜨겁지만 2021년 초를 기준으로 전 세계 전기차 점유율이 아직은 4퍼센트 내외에 불과하다고 한다. 앞으로 엄청난 고성장이 예상되기에 전기차에 들어가는 핵심 부품인 2차 전지를 만드는 국내 회사 LG화학, 삼성SDI, SK이노베이션 등에 관심을 기울이는 것이다. 큰돈을 번 슈퍼개미들은 이런 기업을 발굴하는 데 엄청난 노력을 기울인다.

2 사이클 산업의 대명사 '롯데케미칼'

철강과 화학 등 사이클을 타는 산업이 해당된다. 이런 기업들은 대개 호황일 때 증설을 한다. 향후 업황이 더 좋아질 것으로 보기 때문이다. 그런데 어느 순간 경쟁이 치열해지고, 제품 가격을 할인하기 시작한다. 판매량이 줄어들고 실적이 감소한다. 이런 흐름이 사이클 산업의 특징이다. 고수들은 사이클 산업의 특징을 알고, 산업이 침체될 때를 기다린다. 이때가 주가도 최저점이기 때문이다.

아래에 화학업체의 대명사인 롯데케미칼(011170) 차트를 보자. 주가의 고점과 저점 진폭이 매우 크다. 5만원에서 45만원까지 가기도 하고, 다시 15만원으로 내려오기도 한다. 그러던 기업이 다시 45만원까지 또 상승하기도 한다. 물론 실적도 이에 맞게 크게 요동친다.

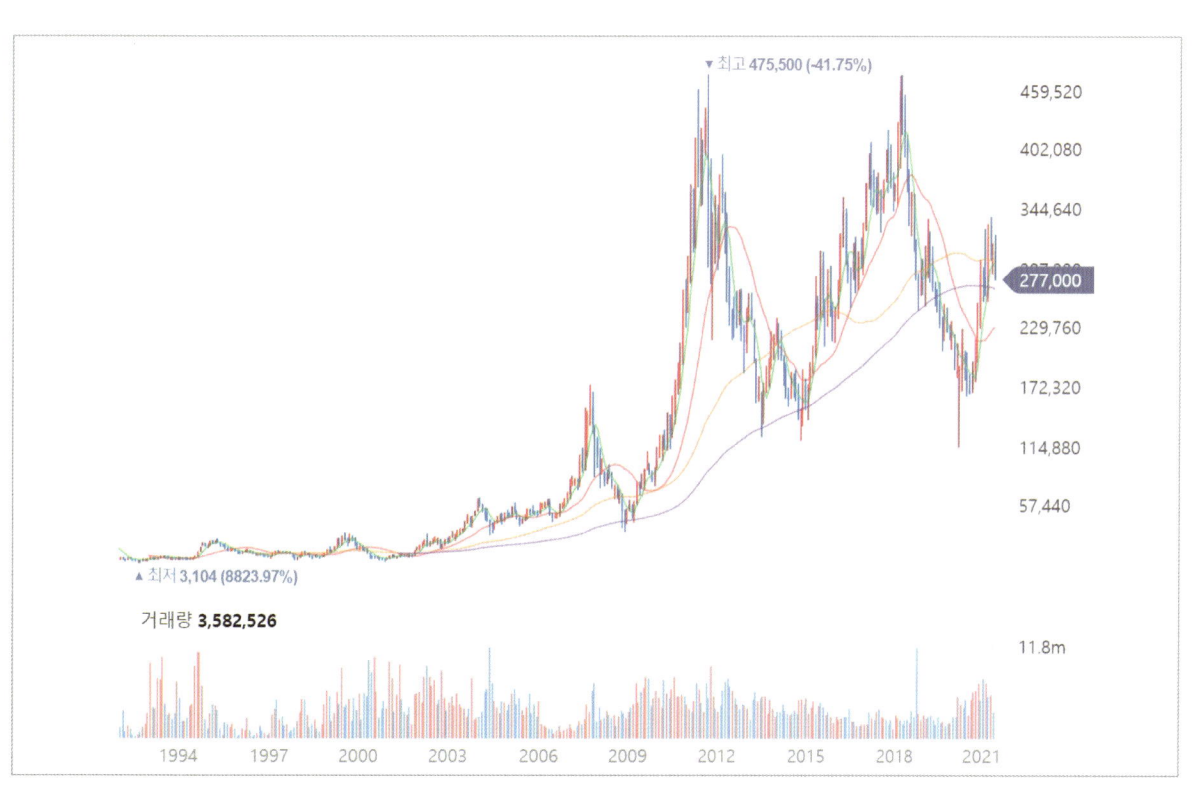

롯데케미칼 차트

3 성장이 예상되는 기업을 선점하려면

투자 고수들은 어떻게 실적이 폭발적으로 증가하는 기업을 선점하는 걸까? 최근 사례를 살펴보자. 코로나가 급격하게 확산되기 시작한 2020년 3월, 사람들이 공포에 질려 있을 때 투자 고수들은 기회를 엿봤다. 신문에서 코로나19 검사에 필요한 진단키트를 언급하자 '진단키트의 실적이 크게 상승하겠구나!'라며 씨젠(096530)과 같은 의료용품 기업을 매수했다. 코로나19 유행으로 사람들이 외출하지 못하니 인터넷 쇼핑이나 전자결제 관련 기업도 실적 기대감에 주가가 상승했다.

과거 사례를 보자. 2013~2015년은 로드숍(저가 화장품) 화장품을 필두로 K뷰티의 전성기였다. 길거리에는 에뛰드, 미샤, 더페이스샵, 스킨푸드, 이니스프리 등 로드숍이 우후죽순으로 생겼고 매장에는 사람들이 북적거릴 정도로 산업이 성장했다. 이때 투자 고수들의 눈은 반짝인다. 이들은 매장 앞을 서성이며 방문객수를 확인한다. 종업원에게 작년에 비해 실적이 어떠한지, 가장 잘나가는 제품은 무엇인지, 하루에 얼마나 팔리는지 물어보기도 한다. 이러한 시장조사를 거치면서 향후 실적에 확신이 생기면 집중 투자를 할 수 있다.

'주가는 6개월 또는 1년 뒤의 실적을 반영한다'는 말이 있다. 모든 기업은 매 분기 실적을 공시해야 한다. 만약 6개월 뒤에 엄청난 실적을 발표할 기업을 남들보다 미리 알고 있다면 돈 버는 것은 쉽다. 일반 투자가들이 '소스(source, 내부 정보)'를 찾아 이곳저곳 기웃거릴 때, 투자 고수들은 직접 발로 뛰면서 엄청난 수고를 한다. 투자 고수들은 실적이 공시되기 전에 미리 확신한다. 이게 고수와 일반인과의 차이점이다.

#3 꾸준히 고배당을 주는 기업

주식 투자의 목적은 크게 시세 차익과 배당금 수령이 있다. 앞서 설명한 1)안정적으로 성장하는 기업 2)폭발적인 성장이 예상되는 기업이 시세 차익과 관련이 있다면, 세 번째 좋은 기업은 배당금을 많이 주는 기업이다. 기업은 대개 순이익의 일부분을 배당금으로 주주에게 돌려준다. 이것을 배당 성향이라고 한다. 예컨대 A 기업의 순이익이 100만원인데 그중에서 30만원을 배당으로 지급한다면 배당 성향은 30퍼센트가 되는 것이다. 최근 은행 이자율이 1퍼센트 내외라고 한다. 그런데 어떤 기업이 매년 배당으로 현재 주가 대비 5퍼센트 이상을 준다면 은행에 넣을 이유가 적은 것이다. 투자 금액이 많은 투자 고수들은 대개 일정 금액은 고배당주에 투자한다. 시세 차익을 얻는 투자가 다소 위험하다고 생각하는 투자가들은 배당주 투자만으로도 안정적인 수익을 얻는다.

1 배당수익율이 5퍼센트 이상인 기업

배당주 투자로 투자가들이 선호하는 삼성화재(000810)와 삼성화재우(000815)를 보자. 아래 [표]에서 '현금DPS(주당 배당액)'를 보면, 삼성화재는 실적에 따라 매년 배당금이 증가해 높은 배당금을 주고 있다. 2016년 6100원에서 2020년 8800원으로 증가했으며 올해부터 내년까지는 최저 1만원 이상 예상하고 있다. 삼성화재 주가는 2021년 6월 기준 20만원 내외지만, 우선주는 16만원 내외에 거래되고 있다. 우선주 기준 1만원 배당을 받는다면 배당수익률이 약 6.25퍼센트나 된다. 은행에 예·적금을 할 필요가 있을까?

2 매년 배당금이 증가하는 기업이 최고

고배당 기업이 별로 없을 것 같지만 의외로 상당히 많다. 기업의 우선주, 금융 회사, 통신 회사가 대표적이다. 그러나 배당주 중에서 단연 최고는 매년 배당금이 증가하는 기업이다. 아래 [표]를 보자. 올해 배당금으로 100원을 줬다면 내년엔 150원, 내후년엔 200원을 주는 식으로 배당을 증액하는 기업이 국내에도 꽤 있다. 기업의 실적과 현금 흐름이 좋아진다는 신호이므로, 적당한 가격에 사서 매년 배당을 즐기면 된다. 이런 기업을 발견하면 평생 들고 가도 된다. 배당과 주가 상승을 동시에 맛보게 된다.

주요재무정보	연간							
	2016/12 (IFRS연결)	2017/12 (IFRS연결)	2018/12 (IFRS연결)	2019/12 (IFRS연결)	2020/12 (IFRS연결)	2021/12(E) (IFRS연결)	2022/12(E) (IFRS연결)	2023/12(E) (IFRS연결)
매출액	216,861	220,136	222,090	229,068	240,449	192,553	196,566	200,663
현금DPS(원)	6,100	10,000	11,500	8,500	8,800	11,353	10,977	11,606
현금배당수익률	2.27	3.75	4.28	3.49	4.69	5.37	5.19	5.49
현금배당성향(%)	30.23	40.38	45.78	56.20	49.55	52.60	58.01	57.72

삼성화재 연간 배당금 추이

	주가(6/1기준)	2017	2018	2019	2020
대신증권우	16,700	660	670	1,050	1,250
대신증권	18,400	610	620	1,000	1,200
KT&G	85,300	4,000	4,000	4,400	4,800
삼성카드	34,050	1,500	1,600	1,600	1,800
삼성증권	47,200	1,000	1,400	1,700	2,200
고려아연	447,500	10,000	7,000	14,000	15,000
고려신용정보	8,380	200	220	250	275

매년 배당금이 증가하는 기업

좋은 기업을 '싸게' 사라

슈퍼개미들의 잃지 않는 투자 비법 1-2

원금을 잃지 않는 투자를 하려면 주가의
'안전 마진'을 확보해야 한다.
주식을 무조건 싸게 사야 한다는 맞는 말이다.
안전 마진을 확보하면 실수를 해도,
시장이 흔들려도 심리적으로 불안하지 않다.
안전 마진이 클수록 수익률도 더욱 커지기 마련이다.

'싸게 산다'는 것은?

어떤 물건을 '싸게 산다'라고 할 때는 기준이 있어야 한다. 주식도 마찬가지다. 주식에서 기준은 '적정 주가'다. 가치 투자의 창시자라 불리는 벤저민 그레이엄은 책 『현명한 투자자』에서 '안전 마진(margin of safety)'에 대해 설명한다. 주식 시장의 변동성이 클 때 주가가 하락하여 적정 주가 이하로 거래될 때가 있다. 이때 하락한 주가와 적정 주가 차이를 안전 마진이라고 정의한다. 그는 안전하게 싸게 사서 적정 주가까지 기다리는 게 가치 투자의 핵심이라고 말한다. 그렇다면 적정 주가는 어떻게 알 수 있을까?

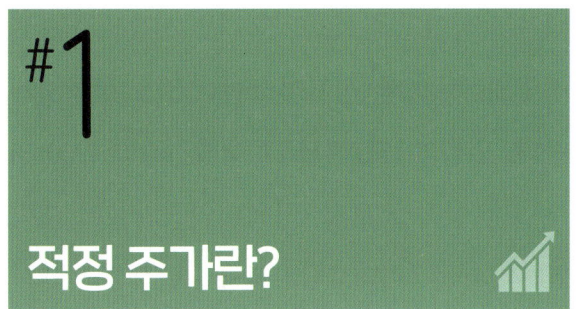

#1 적정 주가란?

워런 버핏은 적정 주가(적정 시총)에 대해 "미래에 벌어들일 총 현금을 현재 가치로 계산한 것"이라고 말한다. 예를 들어 A기업이 올해 100만원, 내년 110만원, 내후년 120만원… 현금을 벌어들인다고 가정해보자. 향후 수년간 벌어들이는 미래 수익을 현재 가치로 할인해서 합산한 것이 적정 주가인 셈이다. 그러나 적정 주가를 정확히 알기는 거의 불가능에 가깝다. 애널리스트들도, 회계 전문가들도 기업의 적정 주가(적정 시총)를 구하라고 하면 모두 다른 답을 할 것이다. 그래서 투자 대가들은 "정확히 알 필요는 없고, 대강이라도 알 수 있을 정도면 된다"고 말한다. 가령 지나가는 사람이 뚱뚱하다, 날씬하다 정도만 알면 되지, 몸무게를 1kg까지 알 필요는 없다. 초보자들이 대략적이라도 적정 주가를 알 수 있는 방법이 있을까? 적정 시총은 '순이익×PER'이다.

1 PER만 알아도 된다!

애널리스트들은 대개 기업의 가치를 평가할 때 이익 기준으로 PER, 자산 기준으로 PBR 등을 이용한다. 가장 보편적으로 사용하는 것이 PER이기에 이를 자세히 알아보자.

PER은 주가수익비율이다. 시가 총액을 순이익으로 나눈 값이다. 현재의 시가 총액이 1년간 벌어들이는 순이익의 몇 배에서 거래되고 있는 지를 알려주는 지표이다. 우리나라 역대 코스피 평균 PER는 대략 10~15배 사이라고 한다. 이를 개별 기업에 적용하면 일반적으로 국내 기업의 적정 시총은 순이익의 10~15배 정

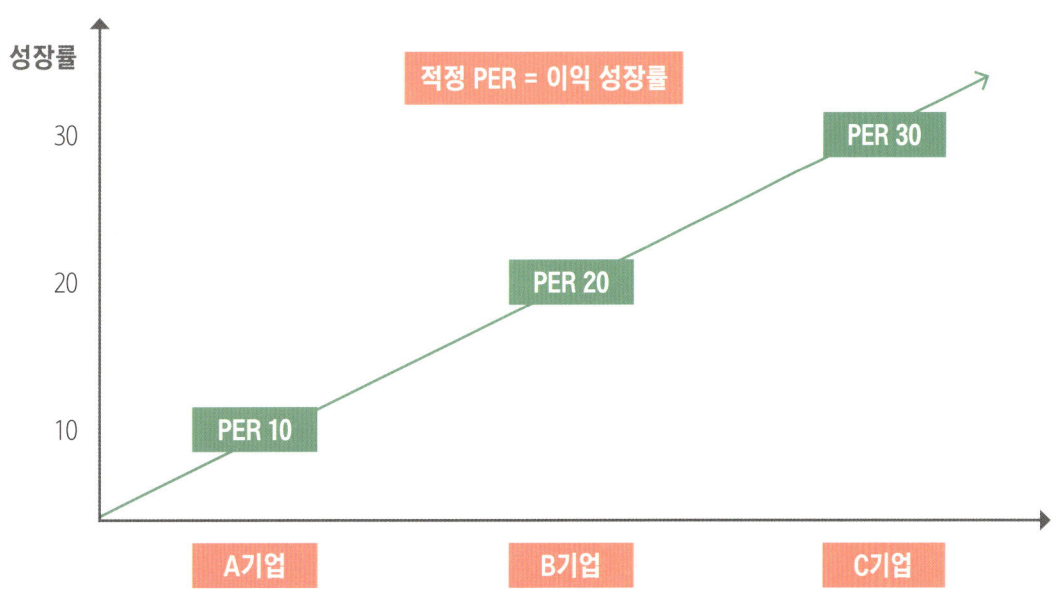

도다. 투자가들이 주식 시장을 외면하는 경우에는 아무리 실적이 좋아도 주식을 사려는 사람이 적어서 PER이 10배에 거래되고, 주식에 관심이 많은 시기 또는 유동성이 풍부한 시기에는 PER이 15배 이상 높이 올라간다.

$$PER = \frac{주가}{EPS} = \frac{\frac{시가 총액}{주식 수}}{\frac{순이익}{주식 수}} = \frac{시가 총액}{순이익}$$

2 적정 PER = 이익성장률

미국의 전설적 투자가인 피터 린치는 "회사의 주가수익비율은 회사의 이익성장률과 같다"고 말한다. 'PER = 회사 이익성장율'인 셈이다. 애널리스트들은 기업 실적의 성장성, 안정성 등을 고려해 적정 PER 및 적정 시총을 계산한다. 예를 들어, A기업의 적정 주가를 순이익의 10배로 계산했는데, 이 기업의 시장점유율과 성장성이 급격히 증가한다면 시장에서는 적정 PER을 20배, 심지어 50배까지도 상향시켜 준다. 오른쪽 [표]에서 LG생활건강(051900)의 수년간 실적을 보자. 영업이익증가율이 대략 20~40퍼센트이며, PER 역시 수년간 20~40 사이인 걸 알 수 있다.

3 산업별 PER 차이

산업별로 적정 PER을 다르게 본다. 반도체 기업이면 반도체 기업끼리, 바이오 기업이면 바이오 기업끼리 PER을 비교하곤 한다. 삼성전자(005930)의 PER은 2020년 기준 20배인데 삼성바이오로직스(207940)는 245배다. 바이오주는 대표적인 성장주로 대체로 PER을 높게 부여한다. 그러나 투자 고수들은 바이오 기업처럼 고PER 종목을 투자할 때 상당히 주의한다. 성장한다고 믿었지만 실제 결과가 그렇지 못하면 주가가 크게 급락하기 때문이다.

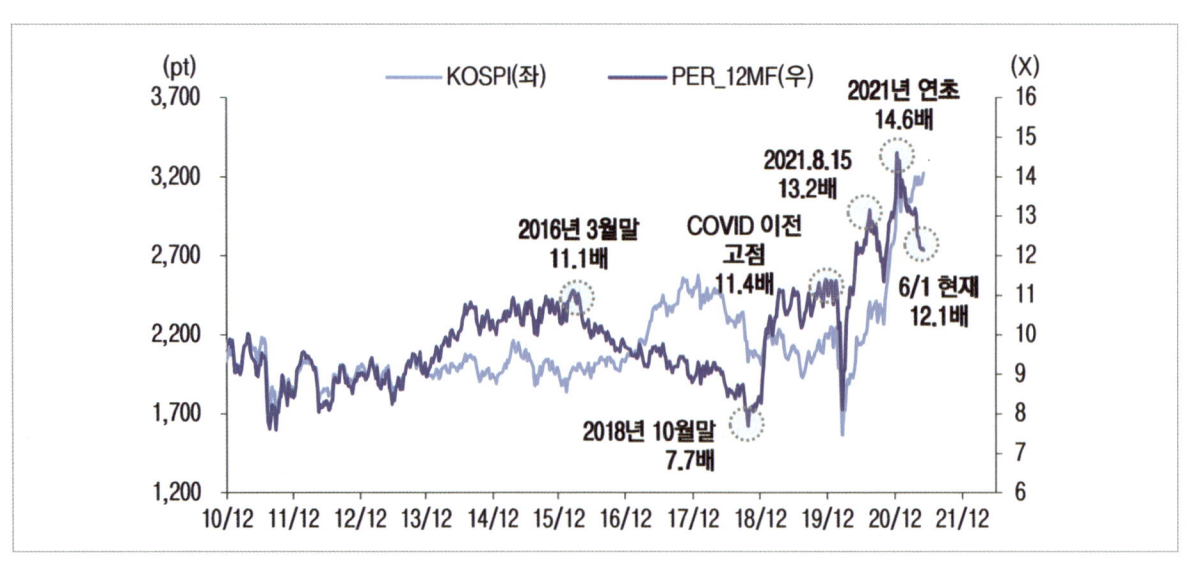

2010~2021년 코스피 12M PER(이베이스트 증권)

연도	매출액(억원)	영업이익(억원)	영업이익증가율	순이익(억원)	PER(배)
2020	78,445	12,209	3.78	8,131	35.98
2019	76,854	11,764	13.20	7,882	28.71
2018	67,475	10,393	11.74	6,923	28.57
2017	61,051	9,300	5.57	6,183	34.73
2016	60,941	8,809	2877	5,792	26.72
2015	53,285	6,841	33.86	4,704	40.41
2014	46,770	5,110	2.94	3,546	31.58
2013	43,263	4,964	11.42	3,657	27.17
2012	38,962	4,455	20.35	3,120	38.29
2011	34,561	3,702	13.04	2,715	32.62
2010	28,265	3,275	37.70	2,370	29.96
2009	15,251	1,981	29.04	1,710	30.14
2008	13,546	1,535	21.45	1,206	27.91
2007	11,725	1,264	33.76	803	42.81
2006	10,328	945	34.29	529	41.32
2005	9,678	704	29.28	719	13.55
2004	9,526	544	-21.57	366	13.27
2003	10,571	694	-29.61	483	11.41
2002	11,023	986	25.60	441	15.12

LG생활건강의 영업이익증가율과 PER의 관계

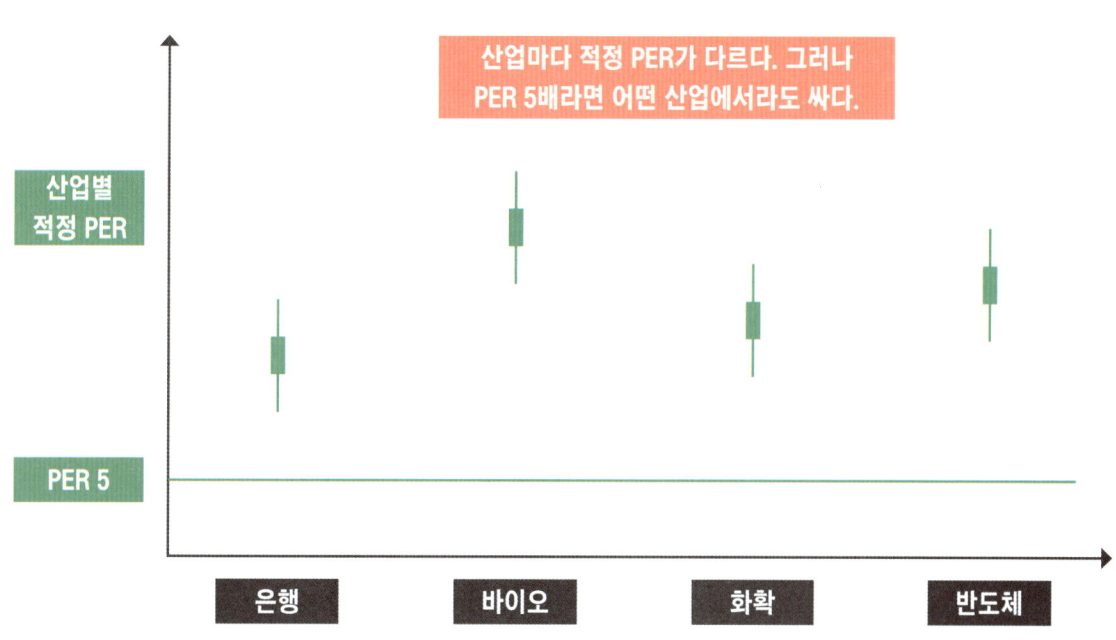

#2 '싸게 산다' 숫자 5를 기억하자

다음으로는 '싸게 산다'는 개념을 알아보자. 피터 린치는 '회사 성장률보다 PER이 절반 이하 일 때가 매수 시점'이라고 말한다. 성장률이 20인데 PER이 10이하이거나, 성장률이 10인데 PER이 5이하일 때 매수하라는 말이다.

여기서 말하는 PER은 작년 기준이 아니다. 올해 말 또는 내년의 예상 이익을 기준으로 해야 한다. 전문가들도 올해, 심지어 내년의 예상 이익을 예측하기는 쉽지 않다. 그래서 초보들은 안정적인 성장을 하는 기업부터 공부하는 게 좋다. 이미 확고한 위치가 있어서 과거에 해온 대로 미래에도 실적이 꾸준할 것이라 예상되기 때문이다. 그래서 신문이나 방송에 나오는 기업 관련 기사를 꾸준하게 챙겨봐야 한다.

아래 [표]에서 매수할 기업은 C와 D 기업이다. 단순히 PER이 낮다고 사는 것이 아니다.

	A	B	C	D
PER	10배	10배	15배	6배
이익성장률	5%	10%	30%	20%
PER/이익성장률	2	1	0.5	0.3

1 안정적으로 성장하는 기업

매년 10퍼센트 내외로 안정적으로 성장하는 기업의 적정 주가를 PER 10~15배로 본다면 이보다 싸게 매수하면 된다. 투자 고수들은 웬만해서는 사려하지 않는다. 이들 대다수는 대개 PER 7배 이하, 심지어는 PER 5배 이하까지 기다린다. '시장에서 설마 이런 기업이 아직도 있을까?'라는 의구심이 들 수도 있다. 그러나 잘 찾아보면 있다.

신문이나 방송에서 A기업이 엄청 저평가 되어 있다고 말하는 경우가 종종 있다. 또 증권사 리포트에서도 친절하게도 PER 5배에 거래되는 기업들을 가끔 소개해준다.

다른 방법으로 PER이 낮은 기업을 찾는 방법으로 '한경컨센서스' 사이트를 보자. 한경컨센서스는 증권사 리포트 중에서 무료로 제공하는 리포트만을 모아 놓은 곳이다. 검색창에 'PER 3'을 넣고 검색해봤다. 작년 5월부터 몇 개 기업을 소개하고 있다. 해당 기업의 주가는 과연 어떻게 되었을까?

한경컨센서스 2021년 3월 4일자 하나금융투자 리포트에서 지방은행들이 PER 3배에 거래되고 있다고 쓰여 있다. BNK금융지주(138930)나 JB금융지주(175330) 등 지방 은행들은 안정적으로 성장하는 기업이다. 시장의 오해로 인해 이런 기업들도 PER 3배 내외에 한동안 거래되고 있다가 사람들의 관심이 높아지니 급격히 주가가 상승했다. 오른쪽 BNK금융지주 차트를 보자.

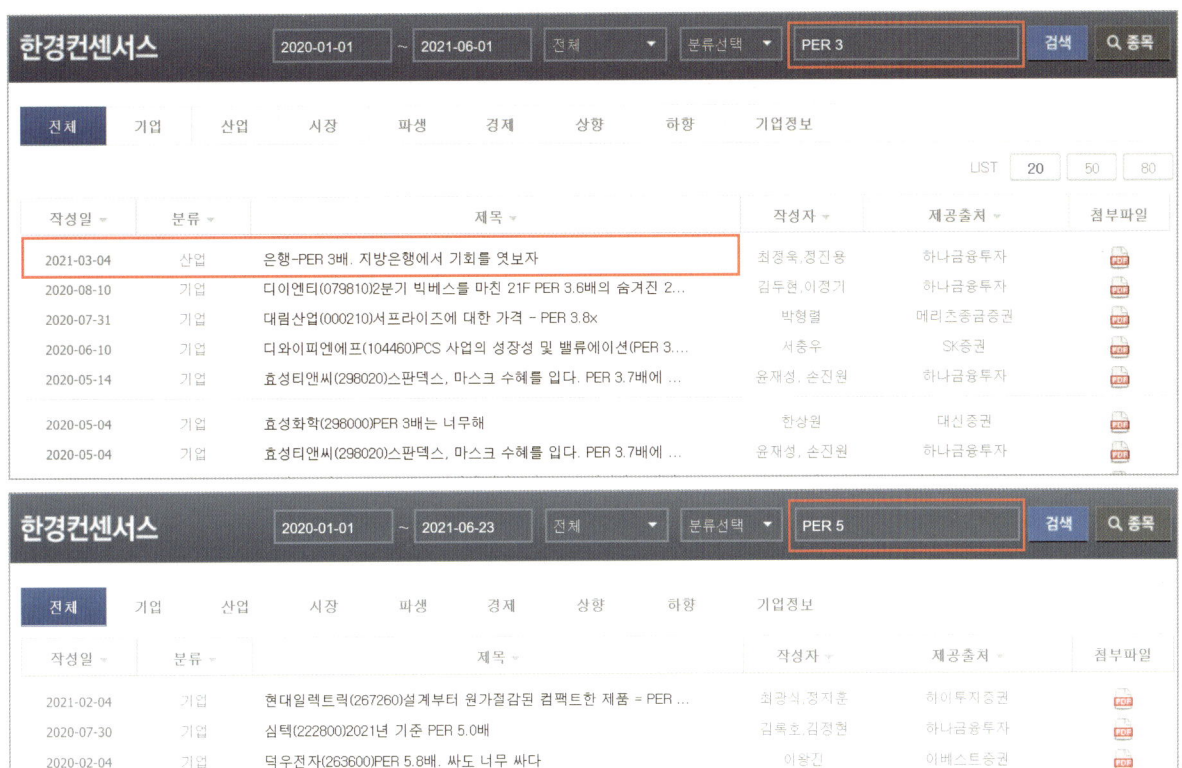

한경컨센서스 사이트

BNK금융지주 차트

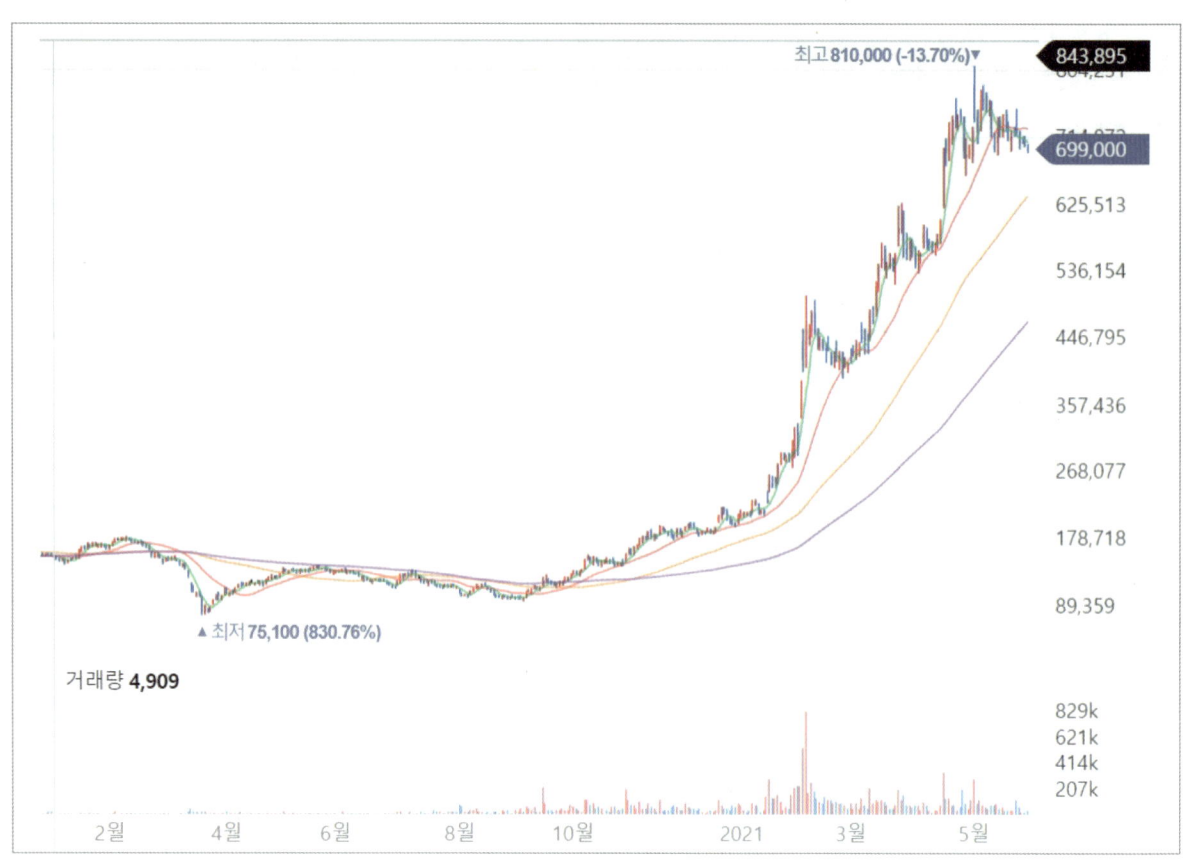

효성티앤씨 차트

2 폭발적인 성장이 예상되는 기업

폭발적인 성장 기업은 과거의 실적을 기준으로 보면 PER이 매우 높다. 그래서 PER이 대개 30, 50 심지어 100까지도 올라간다. 만일 올해 주당 순이익이 100이고, 주가는 2000원이라고 하자. 그럼 올해 PER은 20이다. 고평가로 보인다. 그런데 만약 3년 뒤에 순이익이 500이 된다면 어떨까? 3년 뒤의 실적으로 본다면 PER이 4배로 떨어진다. 시장은 이런 기업들을 좋아한다. 주식 시장은 안정성보다는 늘 성장성을 더 높게 평가하는 특징이 있기 때문이다. 투자 고수들은 이런 기업들을 남들보다 한발 빨리 투자하는 능력이 있다. 그렇다면 고성장 기업들은 언제 매수해야 할까? 회사 성장률보다 PER이 절반 이하일 때가 매수 시점이다.

또 하나의 기준으로 투자 고수들은 수년 뒤에 고성장이 멈춘 시점의 실적을 기준으로 현재 주가를 비교해야 한다고 말한다. 이때를 기준으로 PER 5배 이하면 매수하는 식이다.

위에서 언급한 '한경컨센서스' 사이트를 다시 보자. 2020년 5월자 리포트를 보면 효성화학(298000)과 효성티앤씨(298020)가 PER 3배 내외에 거래된다고 나와 있다. 이들 기업은 전 세계적인 화학 제품 공급 부족으로 실적이 턴어

종목명	현재가	기준월	배당금	수익률(%)	배당성향	ROE(%)	PER(배)	PBR(배)
베트남개발1	225	20.02	90	39.81	-	-	-	-
서울가스	127,000	20.12	16,750	13.19	49.66	13.14	3.45	0.34
한국패러랠	1,985	20.12	235	11.84	-	-	-	-
대신증권우	16,700	20.12	1,250	7.49	54.29	7.35	7.61	0.42
대신증권2우B	16,250	20.12	1,200	7.39	54.29	7.35	7.61	0.42
메리츠화재	18,100	20.12	1,280	7.07	35.04	16.91	3.88	0.64
동부건설	12,750	20.12	900	7.06	46.48	10.10	6.87	0.68
메리츠증권	4,580	20.12	320	6.99	39.89	13.08	4.74	0.56
한국ANKOR유전	1,735	20.12	120	6.92	-	-	-	-
NH투자증권우	11,300	20.12	750	6.64	36.51	10.32	5.88	0.58
대신증권	18,400	20.12	1,200	6.52	54.26	7.35	7.61	0.42
동아타이어	13,200	20.12	800	6.06	82.38	3.68	10.17	0.37
대동전자	8,270	20.03	500	6.05	97.78	3.26	7.36	0.19
유수홀딩스	8,280	20.12	500	6.04	15.62	30.04	1.87	0.47
쌍용C&E	7,690	20.12	440	5.72	160.42	7.92	24.42	1.93

코스피 고배당 기업

라운드하면서 급등하는 경우다. 폭발적인 성장을 하는 기업들이다. 위의 효성티앤씨 차트를 보자. 주가 역시 엄청난 폭등을 했다.

3 5퍼센트 이상 고배당을 주는 기업

5퍼센트 이상 고배당을 꾸준하게 주는 기업이라면 늘 관심을 기울여보자. 신문이나 증권사보고서에서 자주 이런 리스트를 보여준다. 이중에서 향후에도 고배당을 꾸준하게 유지할 수 있는 기업인지를 선별하는 작업이 필요하다. 5퍼센트 이상 고배당이 수년간 확실하다면, 이런 가격에 거래되는 시점이 싸게 사는 가격인 것이

다. 네이버에서도 고배당 기업을 검색하는 방법이 있다. 네이버금융 → 국내증시 → 배당으로 접속하면 위의 [표]처럼 고배당 기업을 알 수 있다.

고배당주 투자는 보통 2가지 방법이 있다. 첫 번째 방법은 평생 보유하는 것이다. 고배당주는 고배당이 지속된다면 굳이 매도할 필요가 없다. 은행에 예금을 한다는 생각으로 투자하는 것이기 때문이다. 예를 들어 SK텔레콤(017670)은 지난 수년간 1만원의 배당을 주고 있다. 시가 배당율이 4~5퍼센트 사이다. SK텔레콤이 망하기 어려운 기업이고, 배당을 줄이

기도 어려운 상황이라면 은행이자보다 훨씬 좋은 투자인 것이다. 이런 기업도 가끔 주가가 급락하는 경우가 있다. 그때 매수하면 된다. 특히 매년 배당금을 증액하는 기업을 발견한다면 쉽게 매도하지 않는다. 어찌 보면 이런 기업이 투자하기 좋은 기업이기 때문이다. 워런 버핏이나 많은 전문가들은 '최고의 좋은 기업을 발굴했다면 너무 고평가가 아니라면 평생 보유하라'는 말을 자주 하곤 한다.

두 번째 방법으로 배당락이라는 특성을 이용해 시세차익을 추구하는 방법이 있다. 배당금은 배당기준일에 주식을 보유하고 있는 사람에게 배당이 된다. 고배당주들은 대개 배당기준일이 지나면 배당락이라는 현상으로 주가가 일부 하락한다. 대개 1월, 2월에 주가가 하락한다. 심지어는 10월까지도 약세 기간이다. 그러다가 12월 초나 중반에 배당 기대감으로 고점을 형성한다.

투자 고수들은 이런 시장의 특성을 활용한다. 고배당주들을 눈여겨보다가 1월에서 10월 근처까지 주가가 하락하면 분할 매수한다. 그러다가 12월에 고점을 형성하면 매도하는 식이다. 배당이 5퍼센트인 반면, 시세차익은 보통 7퍼센트에서 10퍼센트까지도 생기기 때문이다.

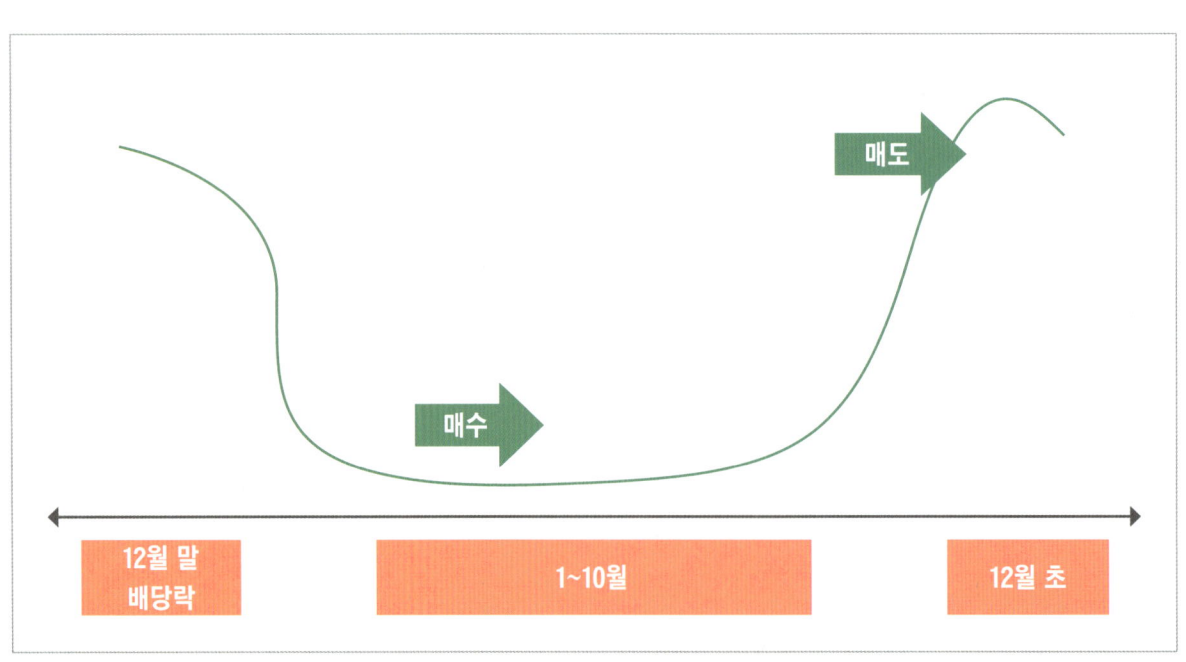

고배당주의 매수·매도 시점

 가장 이상적인 주식 투자 시점

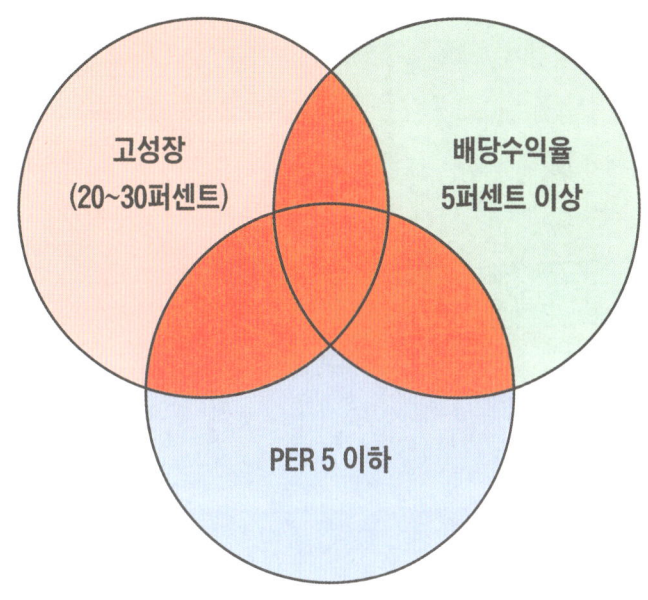

	안정 성장	고성장	고배당주
개념	이익이 매년 10퍼센트 내외로 꾸준히 상승하는 기업.	이익이 폭발적으로(20~30퍼센트 이상) 상승한 기업. 새로운 산업이 탄생하거나, 사이클을 타는 산업이 해당된다.	매년 현재 주가 대비 5퍼센트 이상 배당을 주는 기업. 배당금을 증액하는 기업이 가장 좋다.
적정 가치	PER 10~15배 정도.	성장률 = 적정 PER 적정 가치를 찾기가 어려운 경우가 많다.	5퍼센트 정도 시가 배당률을 주는 가격.
매수	PER 5배 이하.	PER이 성장률의 절반 이하(PER 7, 성장률 15) 또는 고성장이 둔화되는 시점을 기준으로 PER 5배 이하일 때.	12월 고점 대비 배당락으로 인해 10퍼센트 내외 조정 시. 1월부터 대략 10월까지 꾸준한 관찰이 필요하다.
매도	적정 가치에 근접했을 때 분할 매도.	적정 가치에 근접했을 때 분할 매도.	은행 예금처럼 장기간 보유하거나 12월 배당락 전 고점에 매도한다. 매년 배당금이 증가하는 기업은 쉽게 매도하지 않는다.

*향후 실적이 꺾이지 않아야 한다. 꼭 명심하자.

인내심을 가져라

슈퍼개미들의 잃지 않는 투자 비법 2

[스트라이크 존 77분할 타율]
워런 버핏이 자신의 사무실에 걸어놓고 있는 사진이다. 타격하기 가장 좋은 때를 기다려야 한다는 의미다. 투자도 마찬가지다. (출처: 테드 윌리엄스의 저서 『타격의 과학The Science of Hitting』)

가치 투자를 위한 3가지 인내심

1 목돈을 마련하는 인내심

투자를 위해 잠자코 목돈을 마련하는 일은 사실 굉장히 험난한 일이다. 그러나 기회가 왔을 때 좋은 기업을 매수하려면 평소에 투자를 위한 저축이 필요하다. 목돈을 마련하기 위해 계획을 수립하고 실행에 옮겨라.

2 좋은 기업이 싸게 거래되는 시점까지 기다리는 인내심

투자하고 싶은 기업을 발견했다고 해서 무조건 매수하는 것이 아니다. 좋은 기업은 매우 많다. 코스피에 거래되는 상당수 기업이 좋은 기업일 수 있다. 중요한 점은 이들 기업이 감기에 걸릴 때, 아주 쌀 때까지 기다리는 인내심이 필요하다.

초보자라면 싸게 거래된다고 해서 한 번에 매수하는 것보다 분할로 매수하기를 권한다. 아무리 좋은 기업이라도 주가가 상승만 하지 않는다. 그러니 좋은 기업이 감기에 걸릴 때, 증시가 불안하거나 단기 악재로 주가가 하락할 때 몇 번 나누어서 매수하는 게 좋다.

워런 버핏의 사무실 입구에는 사진 한 장이 걸려 있다. 바로 전설적인 타자인 테드 윌리엄스의 타율분석표다. 워런 버핏은 "한가운데 오는 공만 쳐라"고 강조한다. 정말 좋은 기회만 노려라. 야구보다 주식 투자는 훨씬 유리하다. 왜냐하면 삼진이 없기 때문이다.

3 목표 주가까지 기다리는 인내심

주식 투자 만큼 사람들을 현혹하는 시장도 드물다. 주가는 하루에도, 1초 단위로도 출렁인다. 아파트가 그러한가? 금이 그러한가? 자신이 생각하는 목표 주가(적정 가격)를 정했다면 그 근처에 도달할 때까지 매도 버튼을 누르지 마라.

매도의 3가지 원칙

원칙 1 분할 매도하라!
적정 가격에 근접했을 때에는 몇 회에 나누어 분할 매도한다.

원칙 2 매수 시점의 투자 아이디어가 변했을 때 과감하게 매도하라!
기업의 사업 환경은 늘 변하기 마련이다. 만약 시장에 아주 강력한 경쟁자가 나타나 더 이상 사업에 희망이 없을 때, 혹은 예기치 못한 시장의 변화로 기업이 큰 타격을 입었을 때 과감하게 매도할 줄 알아야 한다.

원칙 3 투자하기 더 좋은 기업을 발견했을 때 매도해라!
이미 매수한(보유한) 기업보다 훨씬 매력적인 기업을 발견했을 때, 보유한 기업 주식을 매도해 매력적인 기업에 투자하는 편이 낫다.

기업분석보고서를 직접 써봐라

슈퍼개미들의 잃지 않는 투자 비법 3

아파트 매수할 때를 떠올려보자.
매수하려는 아파트가 몇 평인지, 전철역까지 얼마나 걸리는지,
학군은 어떤지, 인근 아파트의 시세는 어떤지 등 고려할 사항이 많다.
주식도 마찬가지다.
자신이 투자하려는 기업의 아주 기본적인 것을 정리해나가면 된다.

기업 분석은 왜 해야할까?

"투자란 철저한 분석을 통해 원금을 안전하게 지키면서도 만족스러운 수익을 확보하는 것이다. 그렇지 않으면 투기다."

_ 벤저민 그레이엄

"주식 분석이란 거의 재미없고, 아주 사소한 것들까지 챙겨야 하는 어려운 작업이다. 따라서 기업을 제대로 평가하고 주식의 적정 가치를 매기는 훈련을 충분히 쌓지 않는다면, 주식 투자가 패가망신의 지름길이 될 것이다."

_ 랄프 웬저

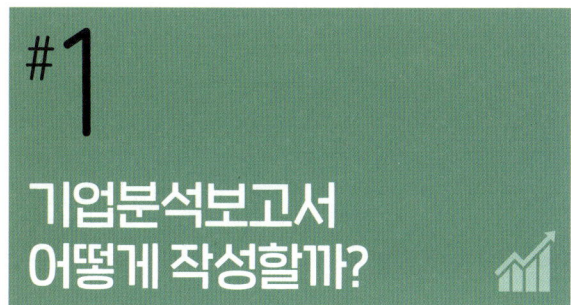

#1 기업분석보고서 어떻게 작성할까?

1 기업의 사업 내용

자신이 투자하려는 기업이 무엇을 팔아서 돈을 버는지 알아야 한다. 빵을 파는 회사인지, 반도체를 파는 회사인지, 화학 제품을 파는 회사인지 한 문장으로 정리해보자. 매출액을 구성하는 주요 제품을 알아야 하고, 각각의 시장점유율을 알고 있어야 한다.

2 경쟁 기업 및 회사 장단점 분석

동종 산업 내의 경쟁 기업은 어느 곳인지, 시장점유율은 어떠한지 알아야 한다. 경쟁 기업과 비교해서 해당 기업만의 차별화된 능력은 무엇인지 파악해보자. 반면에 어떤 투자 리스크가 있는지도 알아야 한다.

3 기업의 성장성 파악

무엇보다 중요한 것은 기업 실적의 성장성이다. 실적은 매출액에서 비용을 뺀 것이다. 매출액은 제품의 판매량과 판매 가격이 결정한다. 요약하면 기업 실적은 $P \times Q - C$이다. 세 요소가 변화될 가능성이 있는지 파악하는 게 매우 중요하다. 주가는 실적의 성장성에 좌우되기 때문이다.

4 실적 분석 및 적정 가격 산출

지난 수년간의 과거 실적과 향후 1~2년 예상 실적을 알아보자. 과거 자료를 구하기는 쉽지만, 미래 예상 실적을 예측하기는 매우 어려운 일이다. 초보자라면 특히 어렵다. 신문 기사나 증권사 리포트, 회사 내부의 사업보고서 등에서 추정할 수밖에 없다.

적정 가치는 올해와 내년 실적을 기반으로 계산한다. 일반적인 기업이라면 순이익 기준으로 PER 10배~15배면 적당하다. 그러나 기업이 향후 수년간 엄청난 고성장을 하는 경우라면 다르다. 투자 고수들은 이런 경우 적당한 가격에 매수했다면 수년간 기업 성장률이 완만해질 때까지 끝까지 기다린다고 한다. 인내심의 싸움이라고 말한다.

5 기업 동향 스크랩

신문의 경제면이나 산업면, 증권사 리포트, 매 분기 기업들의 사업보고서 등을 읽으며 최근 기업 동향을 꾸준히 기록하고 추적해 나가야 한다. 꼼꼼하게 기업의 변천을 메모해 나간다면 언젠가는 해당 기업 또는 산업에 대해서 상당한 자신감이 생길 것이다. 워런 버핏 버크셔 해서웨이 최고경영자(CEO)는 매일 신문과 잡지, 주식 및 채권 시장에 대한 뉴스레터, 투자 정보 관련 책 등 투자와 관련한 모든 자료를 꾸준히 찾아본다.

#2
『따라하면 돈 버는 주식 노트』를 먼저 접한 슈퍼개미들의 조언

슈퍼개미 A씨
(세종시 거주)

주식 투자에서는 투자 자금의 배분(포트폴리오)도 중요합니다. 레버리지 또는 몰빵투자의 위험성을 알아야 합니다.

제 주변인 중 엄청난 투자 고수가 한순간에 투자금을 잃는 경우를 봤습니다. 2008년 금융위기 때와 2020년 3월이 대표적 시기입니다. 확신에 찬 자신감에 레버리지를 왕창 썼다가 반대매매로 수십 년 번 것을 일주일 만에 날리는 것을 봤어요.

한 종목에 완전 꽂혀서 레버리지 몰빵투자를 했다가 본래의 투자 아이디어가 어긋나며 순식간에 줄하한가로 망하는 경우도 봤어요.

슈퍼개미 B씨
(서울시 거주)

기업분석보고서를 스스로 써봐야 합니다. 그러다 보면 압니다. 내가 이 기업을 얼마나 아는지, 그리고 투자해야 하는지 말아야 하는지.

대부분 투자가들이 차트만 보고 투자합니다. 편하니까요. 차트는 과거의 실적이 만들어낸 현재까지의 모습이죠. 그러나 미래의 차트는 미래의 실적에 의해 좌우됩니다.

『따라하면 돈 버는 주식 노트』는 스스로 기업분석보고서를 작성하는 방법을 알려주고, 이를 통해 향후 기업 실적을 예측할 수 있다는 점에서 의미가 있습니다.

슈퍼개미 C씨
(고양시 일산 거주)

가치 투자로 돈을 번 사람들이 존재한다는 것을 알려주는 게 중요합니다. 제 이웃집에 사는 주민 중에 주식 투자만으로 수십억을 번 사람들이 있다는 것을 알려주는 게 필요합니다.

강의를 하거나 투자 모임을 지도하다 보면 투자를 공부하려는 사람이 기업 분석을 하지 않으려는 경향이 있습니다. 『따라하면 돈 버는 주식 노트』의 내용대로 기업을 분석해 나가면 수익이 날 수 있는데도 하지 않는 거죠.

주식 투자에서는 무엇보다 싸게 사는 것이 중요합니다. 왜 워런 버핏이 자신의 사무실 입구에 테드 윌리엄스의 사진을 걸어놨을까요? 인내심을 강조하며 싸게 사라는 의미입니다. 좋은 기업은 많습니다. 가장 중요한 것은 싸게 사는 것입니다. 기업 분석의 핵심도 결국은 기업 가치에 비해서 현 주가가 싸냐, 절반 이상 싸냐는 것을 아는 것이랍니다.

사진은 슈퍼개미 C씨가 주식 투자를 위해 꾸준히 기업을 분석해온 파일이다. 주식 투자에서 기업 분석은 필수적이다.

#3 신문 읽기와 스크랩으로 투자 아이디어 찾기

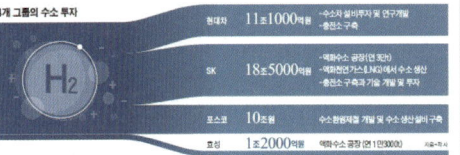

> 대기업이 투자한다니, 수소 경제가 확실히 커지겠구나!

> 주가가 쉽게 안 깨지겠다. 증권주들도 한 번 관심 가져봐야 하나?

여행주가 핫하네.
코로나19가
유행하기 전보다
주가가 더 올랐다니!
고점 아닐까?

우주 산업의
개막이네.
국내 우주 산업은
앞으로 어떻게 될까?

단백질 시장은 확실히
커지나 보다.

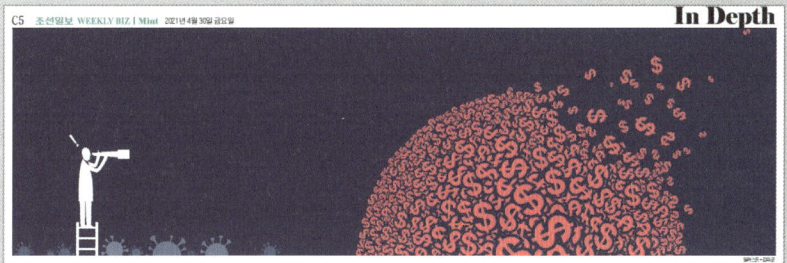

지금이라도 미국
주식을 시작해야 할까?
외국인이 한국 주식을
계속 파는 이유가
이런 이유도 있겠구나.

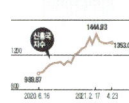

1단계 >>

기업 비즈니스 모델 분석

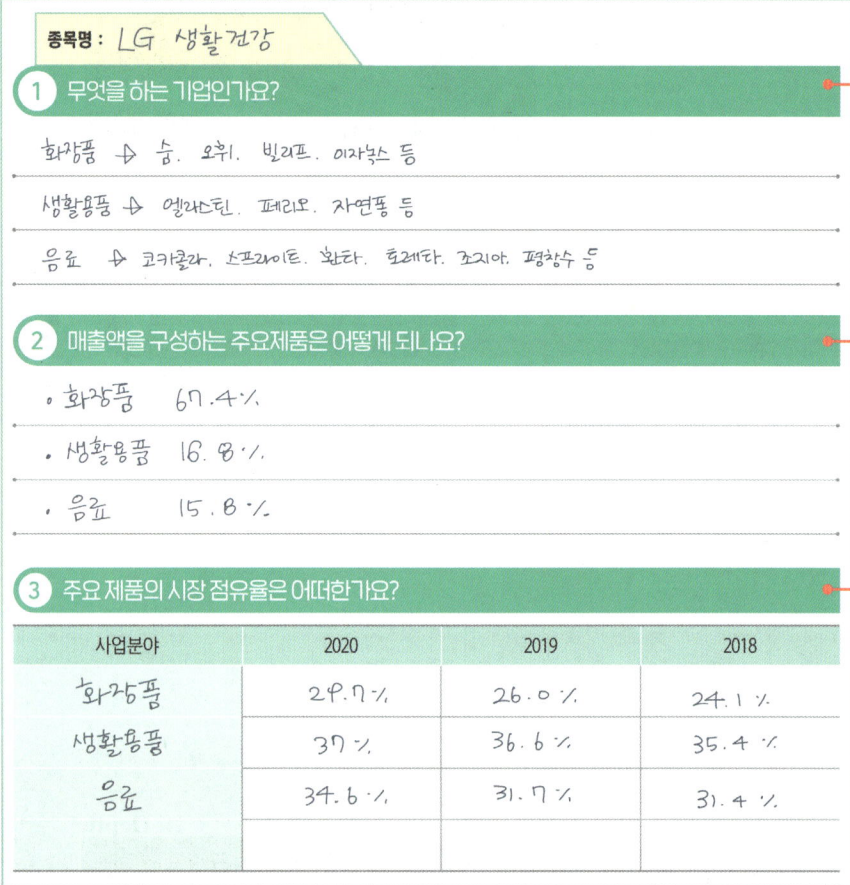

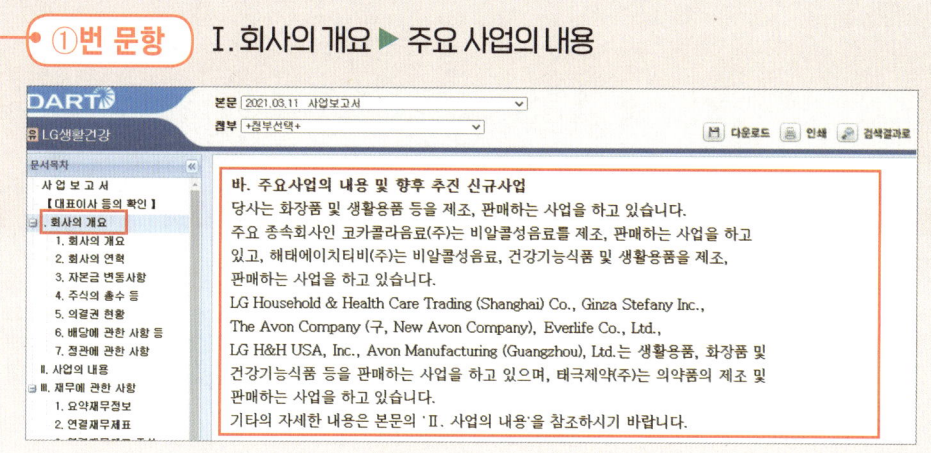

2단계 >>
경쟁 기업 및 장단점 분석

1 경쟁 기업은 어떤 곳이 있나요?

화장품 시장 - 아모레 퍼시픽, 해외 유명 화장품 브랜드

생활용품 시장 - 아모레 퍼시픽, 애경 등

음료 시장 - 롯데 칠성 음료 (1위)

2 경쟁 기업과 비교해서 해당 기업의 가장 큰 장점은 무엇인가요?

- CEO에 대한 평가가 좋다. (차석용 부회장 / 더 밸류 뉴스)
  → 차석용 매직
- 부문 별 대표 브랜드 라인업을 소유하고 있다.
  실적 개선 → 주가 신기록 반복
- 당기순이익이 지속적으로 증가하고 있다.

당기순이익	5,792	6,183	6,923	7,882	8,131	9,375	10,505	11,623
당기순이익(지배)	5,682	6,064	6,827	7,781	7,976	9,244	10,291	11,406
당기순이익(비지배)	110	119	95	101	155			

3 해당 기업의 투자 리스크는 무엇인가요?

- 중국 한한령이 언제까지 지속될 지 알 수 없다.
- 코로나19 변이가 계속 발병하여 사태가 유지되면 화장품 수요가 줄어든다.
- 최근 5년간, 영업이익 증가율이 10% 이하로 떨어져, 성장 둔화 위험성이 있다.

①②번 문항 — LG생활건강 대표 사업인 화장품, 생활 용품, 음료 부문의 경쟁 기업을 찾는다. 네이버뉴스에 검색하거나 한경컨센서스의 증권사 리포트를 참고한다.

③번 문항 — 기업 리스크를 조사할 때는 신문 기사나 한경컨센서스의 증권사 리포트를 참고한다.

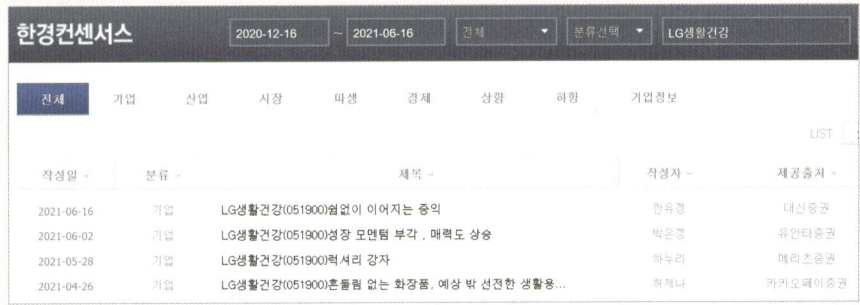

머니투데이 ESG 모범생 LG생활건강, 리스크도 건강

LG생활건강은 지난 1월 수분크림 피지오겔 제조국을 태국에서 일본 사이타마로 변경했다. 해당 제품인 피지오겔 DMT 바디로션 400ml는 순한 성분으로 주로 아기들이 사용한다.

LG생활건강은 피지오겔의 아시아와 북미 사업권을 글로벌 제약사 글락소스미스클라인(GSK)으로부터 사들인 후 경영 효율화를 위해 내린 일부 제품의 제조국을 태국에서 일본으로 변경했다. LG생활건강은 일본 방사능 테스트를 거친 안전한 시설에서 생산한다고 밝혔지만 소비자들의 반발은 거셌다. 최근 일본 정부가 원전오염수를 해양 방출하겠다고 주장하면서 방사능 우려가 커지고 있다.

3단계 >>
향후 실적 전망

★ **실적 : P(가격) × Q(수량) − C(비용)** 을 꼭 기억하세요!

반드시 실적이 성장하는 기업이어야 한다.

기업의 실적은 **매출액 − 비용** 이며 매출액은 **가격(P) × 판매량(Q)** 이다.

① 제품 가격 변동 가능성은?

✓ 화장품, 생활용품, 음료 모두 3년간 거의 동결한 수준

	20기	19기	18기
EX) 이자녹스	25,200	25,200	25,200
페리오 치약	2020	2020	2020
코카콜라	2212	2107	2106

② 판매수량이 증가하거나 감소할 가능성은?

- 코로나 19 잠식 이후 중국 / 중국인 관광객 화장품 수요 회복
- 스킨케어 트렌드 (꼭 써야하는 화장품만 쓰는 기조)로 더마 관심 ↑. 피지오겔 등 스킨케어 제품군 수요 증가.

③ 비용이 증가하거나 감소할 가능성은?

- DART 사업보고서 연결재무제표 손익계산서 부분
  '매출원가' 부분 → 안정적으로 유지하고 있음.
- R&D 비용도 늘려가고 있음.

Price — 상품이나 서비스의 판매 가격

- 브랜드나 상품의 독점 기업이 자사 상품의 가격을 올리면 주주에게 좋은 소식이다.
- 시장 경쟁이 심화되면 가격이 하락하여 주가에 악재로 작용한다.
- DART의 사업보고서 '사업의 내용'에서 가격 정책을 확인할 수 있다.
- 신문 기사에서 투자한 기업의 상품·서비스 가격 정책에 대한 기사를 찾아보자.

나. 주요 제품 가격변동 현황
(2020.12.31 기준) (단위 : 원)

사업	품목	제20기	제19기	제18기	비고
Beauty (화장품)	오휘 스킨	33,000	31,200	31,200	-
	이자녹스 로션	25,200	25,200	25,200	-
	수려한 비책자단 메탈쿠션 FD	25,800	25,800	25,800	-
	치아씨드 피지잡는 수분크림	12,000	12,000	11,500	-
HDB (생활용품)	페리오 치약	2,020	2,020	2,020	-
	리엔 샴푸	10,160	10,160	10,160	-
	자연퐁	4,290	4,290	4,290	-
	테크	14,400	14,400	14,400	-
	샤프란	4,910	4,910	4,360	-
Refreshment (음료)	코카콜라	2,212	2,107	2,106	-
	미닛메이드	2,545	2,545	2,545	-

주) 상기 제품 가격은 공장도가격 기준입니다.

Quantity — 상품이나 서비스의 판매량

- 판매량이 증가하면 좋고 하락하면 의심해야 한다.
- 코로나19로 배달 서비스와 택배 수요가 증가하여 포장 재료와 골판지 판매가 폭등했다. 또한 재택근무, 자가격리 등 외부 활동 제한으로 인테리어 소비 욕구가 증가해 가구 판매량이 늘었다.
- 아파트 공급량이 증가하면 자재인 시멘트 등의 판매량이 증가한다.
- 시장 경쟁이 심화되어 기업의 점유율이 하락하면 주가에 악재로 작용한다.

Cost — 상품이나 서비스를 생산·판매하는데 드는 비용

- 비용은 내려갈수록 좋지만, 적정선에서 안정적으로 유지하는 것도 필요하다.
  ex) 원재료 가격, 임금, 물류 비용 등
- 비용 절감은 원자재 가격의 하락으로 이루어지지만, 기술적인 혁신으로 인건비를 줄이거나 순환자원처리시설과 같은 설비 투자를 통해 자재 비용을 줄임으로서 실현할 수 있다.
- 신문에서 비용을 줄이는 혁신 기술이나 원자재 가격 변동에 대한 기사를 찾아 스크랩하고 투자한 기업에 어떤 영향을 미칠지 파악해보자.

4단계 >>
기업의 가치

① 실적 추이

	2018	2019	2020	2021(예상)	2022(예상)	2023(예상)
매출액	67,475	76,854	78,445	86,075	93,412	100,583
영업이익	10,392	11,764	12,208	13,761	15,258	16,781
순이익	6,923	7,882	8,131	9,375	10,505	11,623
주당배당금	9,250	11,000	11,000	11,540	12,120	12,606

② 올해와 내년 예상 실적을 기준으로 다음을 적어보세요.

	2021	2022
PER	28.15	26.19
PBR	4.64	4.04
배당수익률	0.76	0.80

③ 적정 시가 총액(주가)은 얼마라고 생각하나요?

현재: 23조 8021억원

1) 증권사 리포트나 신문기사 등을 참고하여 적어보세요.

〈유안타〉 31조 2363억   〈메리츠〉 31조 2363억
〈신한금융투자〉 29조 6745억

2) 직접 계산해보세요.

순이익	×	이익성장률	=	적정 시총
9,375억원		20		18조 7500억

※ 순이익은 올해 또는 내년 순이익을 말한다. 일회성 이익은 제외.
※ PER는 기업의 향후 실적 성장성에 따라 적정 PER을 선택한다. 물가상승률 정도의 성장이라면 10배, 매년 실적 성장률이 10퍼센트 이상이라면 이익성장률이 적정 PER이다.

④ 정말 싼가요? 아래에서 하나라도 해당하면 싸다고 인정!

올해 또는 내년 실적 기준 PER이 5배 이하인가요?   ☐ Yes ☒ No

현재 시총은 적정 시총보다 50퍼센트 이상 할인되어 있나요?   ☐ Yes ☒ No

배당수익률이 5퍼센트 이상이고, 향후 배당금이 유지되거나 증가할 가능성이 높나요?   ☐ Yes ☒ No

①번 문항 네이버금융 ▶ 종목분석 ▶ Financial Summary

주요재무정보	2016/12 (IFRS연결)	2017/12 (IFRS연결)	2018/12 (IFRS연결)	2019/12 (IFRS연결)	2020/12 (IFRS연결)	2021/12(E) (IFRS연결)	2022/12(E) (IFRS연결)	2023/12(E) (IFRS연결)
매출액	60,941	61,051	67,475	76,854	78,445	86,075	93,412	100,593
영업이익	8,809	9,300	10,392	11,764	12,209	13,761	15,258	16,781
영업이익(발표기준)	8,809	9,300	10,392	11,764	12,209			
세전계속사업이익	7,527	8,611	9,560	10,921	11,211	12,937	14,479	16,019
당기순이익	5,792	6,183	6,923	7,882	8,131	9,375	10,505	11,623
당기순이익(지배)	5,682	6,064	6,827	7,781	7,976	9,244	10,291	11,406
당기순이익(비지배)	110	119	95	101	155			
현금DPS(원)	7,500	9,000	9,250	11,000	11,000	11,547	12,120	12,606
현금배당수익률	0.88	0.76	0.84	0.87	0.68	0.74	0.77	0.80
현금배당성향(%)	22.13	24.89	22.72	23.70	23.12	19.51	18.39	17.26

②번 문항 네이버금융 ▶ 종목분석 ▶ 펀더멘털

펀더멘털

주요지표	2020/12(A)	2021/12(E)
PER	34.87	30.09
PBR	5.53	4.79
PCR	27.68	22.55
EV/EBITDA	17.52	15.31
EPS	45,018원	52,171원
BPS	283,837원	327,733원
EBITDA	14,830.9억원	16,696.2억원
현금DPS	11,000원	11,547원
현금배당수익률	0.70%	0.74%
회계기준	연결	연결

*(A)는 실적, (E)는 컨센서스

③번 문항 적정 시가 총액은 한경컨센서스의 증권사 리포트를 참고하자.

5단계 >>

신문 스크랩

신문과 증권사 리포트에서 기업의 최근 뉴스 또는 기업이 속한 산업 이슈를 오려 붙이거나 요약해서 적는다.

날짜 : 2021 년 6 월 16 일　　　　　　　　　　　　　출처 : 머니투데이

'포스트 코로나' 대장주 LG생활건강, 장중 6% 강세

'포스트 코로나' 대장주로 꼽히는 LG생활건강이 16일 강세다. LG생활건강의 상승세는 코로나19 백신 접종 확대에 따른 경제활동 재개 기대감이 반영된 것으로 풀이된다. 대신증권에 따르면 2021년 2분기 LG생활건강의 연결기준 매출액은 전년 동기 대비 11% 증가한 1조9697억원, 영업이익은 전년동기 대비 14% 오른 3461억원으로 추정된다.

날짜 : 2021 년 6 월 15 일　　　　　　　　　　　　　출처 : 연합인포맥스

'차석용 매직' 계속되나…LG생건, 2분기 영업익 16%↑ 전망

LG생활건강이 화장품 부문 회복에 힘입어 올해 2분기 영업이익이 전년동기보다 16% 증가할 것으로 전망된다. 화장품) 지난해 중국 화장품 시장은 9% 성장했으나 LG생활건강은 21%, 후는 25% 확대되며 가파른 성장세를 보여주고 있다. 기존 브랜드인 '숨·오휘' 핵심 라인의 인지도를 높이고, 더마제품에 대한 소비자들의 관심이 커지면서 CNP나 피지오겔 등의 브랜드에 대해서도 라인업을 확대하고 있다.
음료 부문은 신종 코로나바이러스 감염증(코로나19) 여파로 배달 음식 시장이 확대되면서 탄산음료 판매 비중이 늘었다. 생활용품 부문도 뉴에이본 흑자기조가 유지되고 있고, 피지오겔의 해외 진출 효과가 나타나며 성장세를 보일 것으로 전망됐다.

날짜 : 2021 년 4 월 23 일　　　　　　　　　　　　　출처 : 조선일보

LG생활건강 1분기 매출 사상최대… 화장품이 끌었다

LG생활건강이 올해 1분기 매출 2조367억원, 영업이익 3706억원을 기록했다고 22일 밝혔다. 전년 같은 기간과 비교해 각각 7.4%, 11% 늘어 매출·영업이익 모두 1분기 기준으로 사상 최대치를 기록했다. 화장품·생활용품·음료 3개 사업 부문 모두 매출과 영업이익이 신장했다.

알아두면 좋은 투자 지식

알아두면 좋은 투자 지식 _1

참고 사이트

주식… 이제 시작해볼까?

1. 본인이 자주 이용하는 물건을 팔거나 만드는 회사를 찾아보자.
   ex) GS25 편의점에 가는 사람. 매일유업의 우유를 사는 사람. 롯데칠성의 사이다를 먹는 사람. 현대백화점에 가서 장을 본 사람.

2. 본인, 친구, 친척 등 주변인이 다니는 회사를 알아보자. 이중에서 상장 회사가 있는지, 임직원들이 회사에 어떤 평을 하는지, 실적은 어떤지 등 알아보자.

3. 신문이나 잡지를 보자. 최근에 경제면이나 산업면에서 가장 핫한 기업이 뭔지, 새로이 탄생하는 신생 산업이 뭔지를 조사해보자. 그리고 나서 아래 참고 사이트를 자주 찾아가 보자.

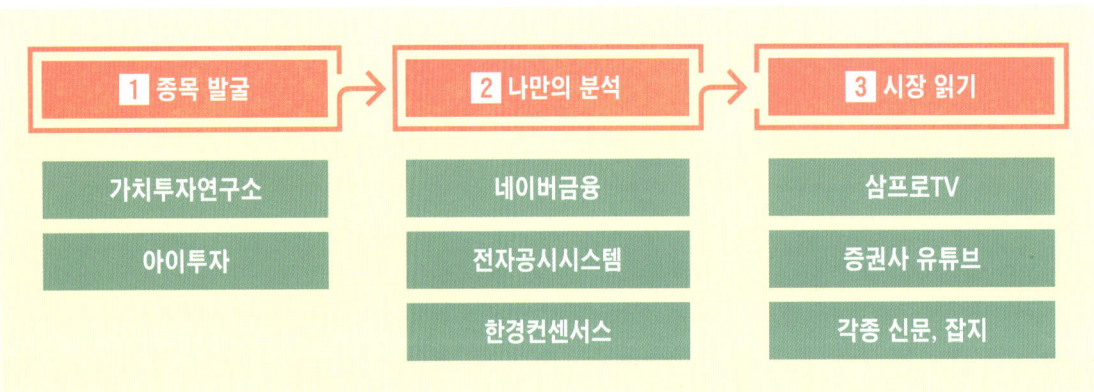

1 가치투자연구소

회원 수 20만 명의 네이버 카페로 '남산주성'이 개설했다. 개인 투자자들이 다양한 종목에 대해 의견을 교환하는 커뮤니티다. 가치 투자를 하는 사람들이라면 가입해서 활용하면 좋다. 하루에도 수많은 종목의 다양한 게시글이 올라오므로 이곳의 글만 읽어도 어떤 종목에 투자하면 좋을지 대략 감을 잡을 수 있다.

이곳의 장점은 다양한 회원들이 있다는 점이다. 전업 투자가, 대학생, 주부 등 대부분이 가치 투자를 좋아하고 지향한다. 무엇보다 다양한 산업에 종사하는 직장인들이 많다. 이들이 자신이 종사하는 업계 소식을 전해주기 때문에 살아있는 정보를 얻을 수 있다.

이곳에서 회원들은 자신이 보유한 종목을 분석한 글, 매월 투자 성과, 종목 고민과 궁금증 등을 공유하며 타인의 다양한 의견을 청취한다. 어떤 글은 증권사 보고서보다 수준 높고 날카로운 분석을 담고 있기도 하다. 이런 글은 개인이 발로 뛰어 얻은 살아있는 정보다.

2 아이투자닷컴(itooza.com)

2002년부터 운영 중인 가치 투자 원조 사이트. 많은 가치 투자가들이 이곳을 통해 투자를 배웠다. 최신 실적 기준으로 PER, PBR, 배당수익율 등 정렬해서 볼 수 있다. 정말 싼 기업, 가치 있는 기업을 소개하기도 한다.

3 네이버금융(finance.naver.com)

종목 개요, 종목 분석, 리서치, 차트 등을 한 눈에 볼 수 있다. 종목 토론방이 상당히 활성화되어 있다. 다만 정제되지 않을 글이 있어 일부는 걸러서 들을 필요가 있다.

4 한경컨센서스(consensus.hankyung.com)

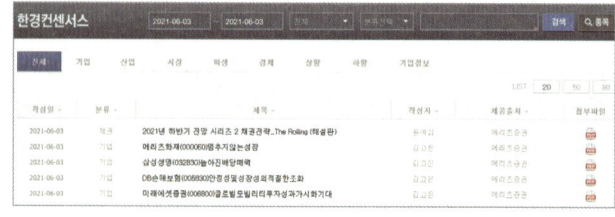

증권사 리포트를 무료로 읽고 싶다면 한국경제신문에서 운영하는 '한경컨센서스' 사이트를 참고하자. 단 일부 증권사 한정이다. 매일 수십 개의 리포트가 올라온다. 산업 분석과 기업 분석도 있다. 원하는 기업을 검색하면 과거 자료를 한 번에 볼 수 있다. 증권사마다 투자 관점, 목표 주가, 전망이 다를 수 있으므로 여러 증권사의 다양한 리포트를 같이 보기를 권한다. 가끔씩 검색창에 'PER 5배' '고배당' 키워드를 검색해보자. 키워드에 해당하는 종목만 제대로 공부해도 놀라운 투자 성과를 낼 수 있다.

5 유튜브 삼프로TV

삼프로TV는 현직 애널리스트와 펀드 매니저가 게스트로 참여해 수준 높은 시황을 들려주는 채널이다. 특히 산업 이야기가 많으며, 다양한 종목이 언급되지만 특정 종목을 찍어서 설명하지는 않는다. 이밖에 이베스트증권에서 운영하는 '이리온' 채널은 특정 종목을 증권사 센터장과 애널리스트가 상당한 시간을 할애해 자세히 설명한다.

6 조선일보 경제 유튜브 채널 '조선일보 머니'

한국은행 출신의 경제학 박사 방현철 기자가 진행자 겸 해설자로 출연한다. 미국 월스트리트의 동향, 국내외 금융 시장 흐름, 자녀를 부자로 키우는 금융 교육 팁을 알려준다. 매일 오전 8시에는 월스트리트 동향을 3가지 키워드로 짚어보는 코너 '방현철 박사의 월스트리트'를 생방송으로 진행한다. 매일 오후 6시에는 다양한 경제 콘텐츠가 업로드 된다. 월요일에는 워런 버핏 등 슈퍼 리치들을 통해 알아보는 '부자들의 자녀 교육', 화·수·금요일에는 조선일보 선정 베스트 애널리스트가 출연하는 '방현철 박사의 머니머니', 목요일에는 가상화폐 생방송 토크쇼 '코인 파헤치기'가 업로드 된다.

알아두면 좋은 투자 지식_2

투자 명저(名著)로 배우는 한마디

워런 버핏의 실전주식투자 _메리 버핏. 이콘

책속 한 문장 "주식 시장을 구성하는 투자자들의 거의 95퍼센트가 단기적 시각을 가지고 있다는 점이다."

저자의 한마디 주식 투자하면 왠지 모르게 도박이 연상된다는 사람들이 많다. 숫자에 강한 회계사도, 법률 검토를 끈질기게 하는 변호사도, 인과관계를 중시하는 과학자도 주식 투자만하면 '묻지마 투자'를 한다. 종목만 찍어달라고 한다. 그래서 워런 버핏은 기회가 있다고 말한다. 5퍼센트에 속하여 기업의 가치를 따지고 100원짜리를 50원에 사는 투자자가 결국 성공한다고 한다.

현명한 투자자 _벤자민 그레이엄. 국일증권경제연구소

책속 한 문장 "거의 매일 무수한 예측이 쏟아지고 쉽게 구할 수 있는 자료도 많지만 그중에서 투자자가 진지하게 받아들일 수 있는 정보는 드물다."

저자의 한마디 매일 신문, 방송, 심지어 유튜브에서 금리와 인플레이션 전망을 이야기한다. 최고의 전문가들이 예측을 하고 각종 시나리오를 쓴다. 그러나 맞추는 경우는 드물다. 맞춘다고 해도 실제 결과는 달라진다. 왜냐하면 주식 시장의 아이큐는 1만이 넘기 때문일 것이다.

전설로 떠나는 월가의 영웅 _피터 린치. 국일증권경제연구소

책속 한 문장 "내가 투자자들에게 당부하는 것은 시장의 등락을 무시하라는 것이다."

저자의 한마디 금리, 물가, 환율 등 각종 경제 지표 못지않게 코스피 전체 시장의 등락을 신경 쓰는 경우가 많다. 피터 린치는 책에서 한 가지만큼은 꼭 강조했다. 개별 기업에 집중하라는 것이다. 시장이 폭락해도 오를 기업은 오른다는 것이다. 결국 투자의 성패는 기업의 실적이 좌우하기 때문이다.

📗 작지만 강한기업에 투자하라 _랄프 웬저. 굿모닝북스

책속 한 문장 "펀드매니저와 얼룩말은 똑같은 문제를 안고 있다."

저자의 한마디 펀드 매니저는 실패의 책임을 덜기 위해서, 얼룩말은 무리 중에서 맨 바깥쪽에 자리잡고서 신선한 풀을 먹기보다는, 사자의 위험을 벗어나기 위해서 무리의 중간에 위치할 수 있다. 그러나 랄프 웬저는 이런 관점에 동의하지 않는다. 대형주보다는 작지만 강한 기업에 투자하여 투자 수익을 극대화하고 싶기 때문이다.

📗 한국형 가치투자 전략 _최준철 김민국 박민우. 은행나무

책속 한 문장 "생전 주식 투자를 하지 않던 사람들이 주식 계좌를 트고, 술자리에서 주식과 관련된 일을 하는 사람들이 대화를 독점하고, 명절에 모인 친척들이 주식으로 돈 번 얘기를 할 때쯤이면 이미 많은 사람들의 기대가 주가에 반영되어 기업 가치에 비해 고평가되어 있는 경우가 많기 때문입니다."

저자의 한마디 공포에 사서 탐욕에 팔라는 말이 있다. 누구나 주식을 멀리할 때가 주식을 매수할 때이고, 누구나 주식에 관심을 기울이는 시기는 이미 주가가 천정부지다. 그때 매수하면 대부분 '물린다'고 한다. 수년 동안 고생할 수도 있다. 공포의 시기는 의외로 자주 찾아온다. 정가운데 공이 들어올 때까지 인내심 있게 기다리는 게 투자의 핵심이다. 정가운데 올 때 방망이를 크게 휘두르자.

📗 돈, 뜨겁게 사랑하고 차갑게 다루어라 _앙드레 코스톨라니. 미래의창

책속 한 문장 "증권거래소는 종종 술주정뱅이처럼 반응한다. 좋은 소식에 울기도 하고 나쁜 소식에 웃기도 한다. 나는 이런 현상을 페따 꼼쁠리(fait accompli : 기정 사실)라고 부른다."

저자의 한마디 좋은 뉴스가 나온 날에 주가가 폭락하기도 한다. 주가는 미래 이익을 반영하는데 일부 고수들은 좋은 뉴스가 나올 것을 미리 예견하고 투자했기 때문이다.

📗 강방천의 관점 _강방천. 한국경제신문

책속 한 문장 "강방천의 가치측정도구는 궁극적으로 기업의 미래 가치, 즉 미래 시가 총액을 구하는 것이다."

저자의 한마디 과거의 이익을 바탕으로 한 자산 가치가 중요한 게 아니다. 중요한 것은 기업의 미래 실적이며 이를 반영한 미래의 기업 가치를 구하는 것이 핵심이다. 투자의 요지는 현재의 기업 가치와 미래 기업 가치의 차를 이용하는 것이다.

알아두면 좋은 투자 지식 _3

진짜 기본 주식 용어

⬆ 시가 총액
: 한 기업이 발행한 주식의 총 가격을 말한다. 발행한 주식 수에 현재 가격을 곱하면 된다.

⬆ PER (Price Earning Ratio)
: 1주의 가격을 주당순이익으로 나눈 값으로, 1주가 갖는 가치가 수익의 몇 배를 나타내는지 보여주는 지표다. PER이 낮다는 것은 저평가되어 있다는 뜻이다.

⬆ EPS(주당순이익)
: 기업이 벌어들인 순이익(당기순이익)을 총 주식 수로 나눈 값이다. 1주당 이익을 얼마나 창출하였느냐를 나타내는 지표다.

⬆ PBR (Price Bookvalue Ratio)
: 시가 총액을 회사의 순자산으로 나눈 값. 총 부채를 뺀 자산으로 시가 총액을 나누게 된다. 보통 1보다 PBR이 낮으면 회사의 순자산이 많은 상태라고 할 수 있다.

⬆ BPS(주당순자산)
: 기업의 순자산(총 자산에서 부채를 뺀 값)을 발행한 주식 수로 나눈 값.

⬆ ROE (Return on Equity, 자기 자본 이익률)
: 자기자본 대비 얼마나 순이익을 냈는지 알려주는 지표다. 기업 자본의 효율을 의미한다. 자기자본(순자산)이 100억이고 순이익이 10억이라면 ROE는 10퍼센트가 된다.

🔼 주당배당금(DPS)

: 주주에게 지급한 배당금을 발행 주식 수로 나누어 구한 것이다. 따라서 1주당 지급되는 배당금을 말한다.

🔼 배당수익률

: 주당 배당금을 현재의 주가로 나눈 값을 뜻한다. 가령, 현재 주가가 1만원일 때 주당 배당금이 1000원이라면 배당 수익률은 10퍼센트다.(배당수익률 = 배당금/현재주가)

🔼 안전 마진

: 투자에서 안전 마진은 어떤 주식의 내재 가치와 시장 주가 간의 차이를 의미한다. 투자의 핵심 개념이라고 할 수 있으며, 어떤 유가증권을 매수하려면 시장 주가가 내재 가치보다 크게 낮은 경우여야 한다.

🔼 보통주와 우선주

: 보통주는 주주의 권리를 행사할 수 있는 의결권이 있는 주식을 뜻한다. 우선주는 경영에 참여할 수 있는 의결권은 없으나, 상대적으로 저렴하며 우선적으로 배당금을 받을 수 있다.

🔼 유상증자

: 주주가 회사에 추가로 돈을 넣고 회사가 주주에게 주식을 발행해주는 것이다.

🔼 무상증자

: 주주가 돈을 넣지 않더라도 회사가 스스로 자본금을 늘리면서 기존 주주들에게 주식을 발행해주는 것이다.

알아두면 좋은 투자 지식 _4

재무제표 읽기

재무제표란? 기업의 실적, 재산 현황 등을 기록한 표다. 재무제표의 종류에는 재무상태표, 손익계산서, 현금흐름표가 있다.

재무상태표

재무 상태는 크게 자산, 부채, 자본으로 구성된다. 자산은 부채와 자본의 합을 말한다.

1 **유동자산** 1년 안에 회수가 가능한 자산.

2 **유동부채** 1년 안에 갚아야 하는 부채.

3 **단기차입금** 빌린 돈의 만기가 1년 이내인 경우 단기차입금이 많으면 재무 상태가 좋지 않은 편이다.

4 **사채** 회사의 신용을 바탕으로 조달시장에서 직접 회사채를 발행한 금액.

5 **장기차입금** 금융회사로부터 빌려온 금액 중 만기가 1년 이상 남은 금액.

(단위:백만원)

	2019.12.31	2020.12.31
자산	87,373	119,540
유동자산 1	28,297	44,629
현금 및 현금성자산	19,182	28,775
:		
부채	29,971	45,262
유동부채 2	21,338	26,276
단가차입금 3	112	1,303
:		
비유동부채	5,638	11,661
사채 4	400	3,218
장기차입금 5	74	53
:		

재무상태표

손익계산서

한 회계 기간에 기업의 모든 비용과 수익을 비교하여 손익의 정도를 밝히는 계산서다. 얼마를 써서 얼마를 버는지 확인할 수 있다.

1 매출액 회사가 상품을 판매하거나 서비스를 제공해서 얻은 판매 금액.
2 영업이익 매출액에서 매출원가(재료비 등)와 판매관리비(인건비, 광고비, 세금 등)를 뺀 이익.
3 당기순이익(손실) 영업이익에서 영업 외 이익과 비용 및 법인세까지 고려한 최종 이익.

(당기)순이익 = **영업이익** + **(영업외이익-영업외비용)** + **(특별이익-특별손실)** - **법인세**

4 지배기업의 소유주에게 귀속되는 당기순이익(손실)

쉽게 말하면 순이익 중 회사의 '진짜 몫' '지배주주의 순이익'이라고 할 수 있다. 모회사의 당기순이익을 계산할 때 자회사 순이익을 모회사의 자회사 지분만큼 반영한 수치를 말한다. 이를테면 'A푸드'만의 올해 순이익이 100억이라고 치자. A푸드가 자회사 A포장에 50퍼센트, A유통 60퍼센트의 지분을 갖고 있을 때, A포장과 A유통의 올해 순이익이 모두 10억이라고 한다면 A푸드의 올해 지배 순이익은 111억이 된다.

(단위:백만원)

	2019.12.31	2020.12.31
매출액 **1**	30,701	41,568
:		
영업이익 **2**	2,068	4,559
:		
당기순이익(손실) = 당기순이익 **3**	-3,419	1,734
지배기업의 소유주에게 귀속되는 당기순이익(손실) = 당기순이익(지배) **4**	-3,010	1,556
비지배지분에 귀속되는 당기순이익(손실) =당기순이익(비지배)	-409	177

손익계산서

현금흐름표

한 회계 기간 동안 기업 활동으로 인한 현금 흐름을 나타내는 표다. 영업활동 현금흐름, 투자활동 현금흐름, 재무활동 현금흐름으로 분류된다.

1 영업활동 현금흐름 '영업활동' 즉 기업의 본업으로 얼마나 현금이 회사로 들어왔는지 알 수 있다. 항상 해당 부분이 흑자여야 한다.

2 투자활동 현금흐름 회사의 각종 시설에 얼마나 투자한지 알 수 있다.

3 재무활동 현금흐름 영업 외에 은행 대출 자금, 주식이나 채권을 발행하여 확보한 투자금 등이 있다.

(단위:백만원)

	2019.12.31	2020.12.31
영업활동 현금흐름 1	7,527	9,711
영업에서창출된현금흐름	8,311	10,250
:		
투자활동 현금흐름 2	−4,142	−12,607
유동금융자산의감소	7,718	2,404
유형자산의감소	71	143
:		
재무활동 현금흐름 3	3,222	13,054
단기차입금의순증가(감소)	3,642	5,719
자기주식의취득	0	0
:		

현금흐름표

기업분석보고서 워크북

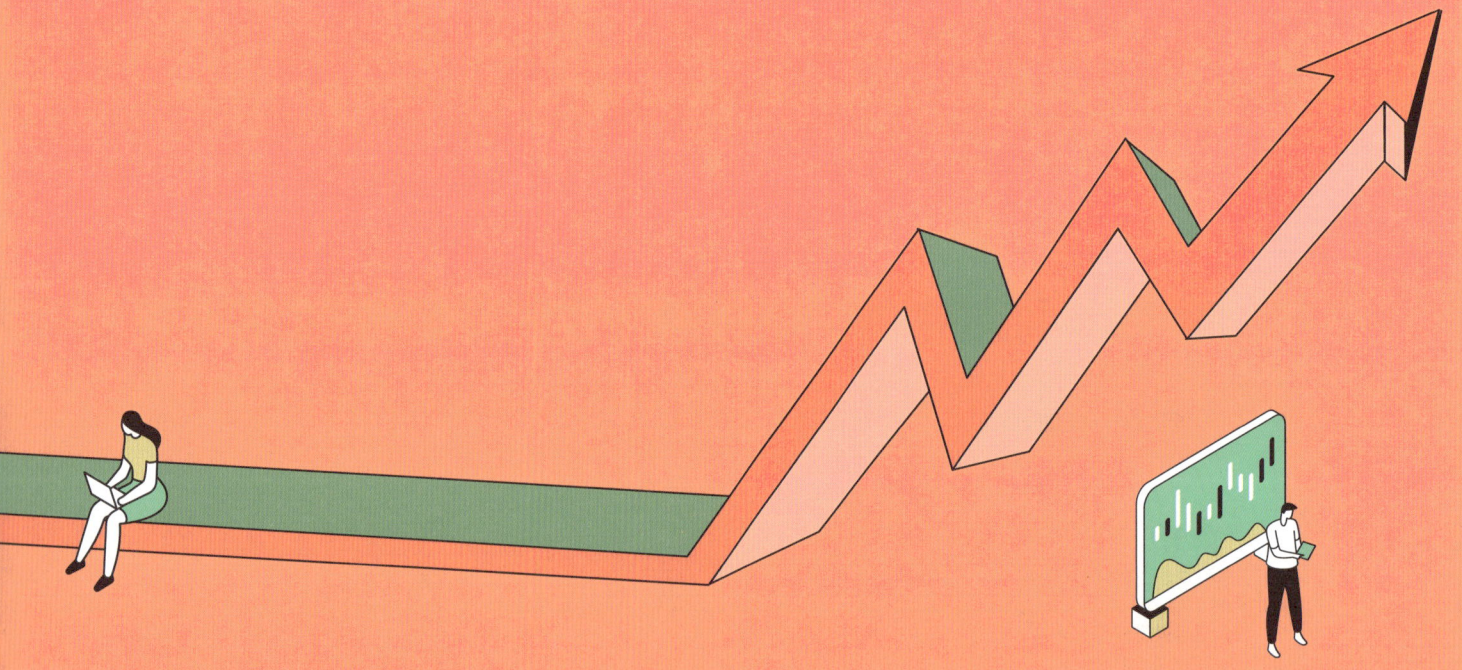

1단계 >>

기업 비즈니스 모델 분석

종목명 :

① 무엇을 하는 기업인가요?

　

　

　

② 매출액을 구성하는 주요 제품은 어떻게 되나요?

　

　

　

　

　

③ 주요 제품의 시장점유율은 어떠한가요?

사업분야	2020	2019	2018

2단계 >>
경쟁 기업 및 장단점 분석

1 경쟁 기업은 어떤 곳이 있나요?

2 경쟁 기업과 비교해서 해당 기업의 가장 큰 장점은 무엇인가요?

3 해당 기업의 투자 리스크는 무엇인가요?

3단계 >>
향후 실적 전망

★ **실적 : P(가격) × Q(수량) - C(비용)** 을 꼭 기억하세요!

① 제품 가격 변동 가능성은?

② 판매 수량이 증가하거나 감소할 가능성은?

③ 비용이 증가하거나 감소할 가능성은?

4단계 >> 기업의 가치

① 실적 추이

	2018	2019	2020	2021(예상)	2022(예상)	2023(예상)
매출액						
영업이익						
순이익						
주당배당금						

② 올해와 내년 예상 실적을 기준으로 다음을 적어보세요.

	2021	2022
PER		
PBR		
배당수익률		

③ 적정 시가 총액(주가)은 얼마라고 생각하나요?

1) 증권사 리포트나 신문기사 등을 참고하여 적어보세요.

_____

_____

2) 직접 계산해보세요.

순이익	×	이익성장률	=	적정 시총

※ 순이익은 올해 또는 내년 순이익을 말한다. 일회성 이익은 제외.
※ PER는 기업의 향후 실적 성장성에 따라 적정 PER을 선택한다. 물가상승률 정도의 성장이라면 10배, 매년 실적 성장률이 10퍼센트 이상이라면 이익성장률이 적정 PER이다.

④ 정말 싼가요? 아래에서 하나라도 해당하면 싸다고 인정!

올해 또는 내년 실적 기준 PER이 5배 이하인가요?	☐ Yes / ☐ No
현재 시총은 적정 시총보다 50퍼센트 이상 할인되어 있나요?	☐ Yes / ☐ No
배당수익률이 5퍼센트 이상이고, 향후 배당금이 유지되거나 증가할 가능성이 높나요?	☐ Yes / ☐ No

5단계 >>
신문 스크랩

신문과 증권사 리포트에서 기업의 최근 뉴스 또는 기업이 속한 산업 이슈를 오려 붙이거나 요약해서 적는다.

| 날짜 :   년   월   일 | 출처 : |

| 날짜 :   년   월   일 | 출처 : |

| 날짜 :   년   월   일 | 출처 : |

| 날짜 :   년   월   일 | 출처 : |

| 날짜 :   년   월   일 | 출처 : |

| 날짜 :   년   월   일 | 출처 : |

> 주식 시장은 적극적인 자에게서 참을성이 많은 자에게로 돈이 넘어가도록 설계되어 있다.
> - 워런 버핏 -

날짜 :　　　년　　월　　일　　　　　　　　　　　　　　　출처 :

날짜 :　　　년　　월　　일　　　　　　　　　　　　　　　출처 :

날짜 :　　　년　　월　　일　　　　　　　　　　　　　　　출처 :

> 시장의 타이밍을 맞추려고 애쓰는 것은 스스로를 불안과 초조의 깊은 늪으로 빠트리는 지름길이다.
> - 랄프 웬저 -

1단계 >>

기업 비즈니스 모델 분석

종목명 :

① 무엇을 하는 기업인가요?

_____
_____
_____

② 매출액을 구성하는 주요 제품은 어떻게 되나요?

_____
_____
_____
_____
_____
_____

③ 주요 제품의 시장점유율은 어떠한가요?

사업분야	2020	2019	2018

2단계 >>

경쟁 기업 및 장단점 분석

1 경쟁 기업은 어떤 곳이 있나요?

2 경쟁 기업과 비교해서 해당 기업의 가장 큰 장점은 무엇인가요?

3 해당 기업의 투자 리스크는 무엇인가요?

3단계 >>

향후 실적 전망

★ 실적 : P(가격) × Q(수량) − C(비용) 을 꼭 기억하세요!

1 제품 가격 변동 가능성은?

．．．
．．．
．．．

2 판매 수량이 증가하거나 감소할 가능성은?

．．．
．．．
．．．
．．．
．．．

3 비용이 증가하거나 감소할 가능성은?

．．．
．．．
．．．
．．．
．．．
．．．

4단계

기업의 가치

① 실적 추이

	2018	2019	2020	2021(예상)	2022(예상)	2023(예상)
매출액						
영업이익						
순이익						
주당배당금						

② 올해와 내년 예상 실적을 기준으로 다음을 적어보세요.

	2021	2022
PER		
PBR		
배당수익률		

③ 적정 시가 총액(주가)은 얼마라고 생각하나요?

1) 증권사 리포트나 신문기사 등을 참고하여 적어보세요.

2) 직접 계산해보세요.

순이익	×	이익성장률	=	적정 시총

※ 순이익은 올해 또는 내년 순이익을 말한다. 일회성 이익은 제외.
※ PER는 기업의 향후 실적 성장성에 따라 적정 PER을 선택한다. 물가상승률 정도의 성장이라면 10배, 매년 실적 성장률이 10퍼센트 이상이라면 이익성장률이 적정 PER이다.

④ 정말 싼가요? 아래에서 하나라도 해당하면 싸다고 인정!

올해 또는 내년 실적 기준 PER이 5배 이하인가요? ☐ Yes / ☐ No

현재 시총은 적정 시총보다 50퍼센트 이상 할인되어 있나요? ☐ Yes / ☐ No

배당수익률이 5퍼센트 이상이고, 향후 배당금이 유지되거나 증가할 가능성이 높나요? ☐ Yes / ☐ No

5단계 >>
신문 스크랩

신문과 증권사 리포트에서 기업의 최근 뉴스 또는 기업이 속한 산업 이슈를 오려 붙이거나 요약해서 적는다.

날짜 : 년 월 일	출처 :

날짜 : 년 월 일	출처 :

날짜 : 년 월 일	출처 :

날짜 : 년 월 일	출처 :

날짜 : 년 월 일	출처 :

날짜 : 년 월 일	출처 :

> 현재 시장이 갖고 있는 이미지와 실제 사실들 간의 차이를
> 명확하게 구별할 줄 아는 참을성 있는 투자자들이 돈을 번다.
> - 필립 피셔 -

"바이든 첫해 증시 두 자릿수 상승률 보일 것… 빅테크株 더 간다"

성장주 발굴 지표(PSR) 개발, 165조원 굴리는 켄 피셔 인터뷰

주식 투자자들은 요즘 정신이 없다. 코로나 백신 개발 기대감, 미국의 정권 교체, 증시의 무서운 상승세가 코로나 확진자 급증이라는 뉴스와 뒤섞여 냉정한 판단을 어렵게 만든다. Mint가 지난 25일 인터뷰한 미국의 억만장자 투자가 켄 피셔(70) '피셔 인베스트먼트' 회장은 "시장은 '지금'이 아니라 약 2년 후를 내다보고 움직인다는 사실을 믿고 침착하게 전략을 짜라"고 조언했다. 피셔 회장은 1500억달러(약 166조원)를 굴리는 투자 거물이다. 1980년대의 대표적 투자 대가 필립 피셔의 아들로 고등학교를 자퇴하고 일찌감치 투자를 시작했고, 41년 전 자기 회사를 세워 주식을 중심으로 돈을 굴려 큰 성공을 거뒀다. 저평가된 성장주를 발굴하는 지표인 PSR(주가 매출 비율)을 개발한 것으로도 유명하다.

조 바이든 대통령 취임 이후 미국 증시는 어떻게 전망하나.

"미국 대선과 관련해선 오랜 기간 반복돼 온 패턴이 있다. 사람들은 공화당은 친기업적이고 자유 시장을 옹호한다고 생각하고, 민주당은 규제와 '큰 정부'를 지향해 기업에 우호적이지 않다는 인식을 가지고 있다. 그런데 정작 정권이 들어서고 나면 대통령이 생각했던 것만큼 정책을 과격하게 좌지우지하지 못한다는 사실이 드러난다. 공화당 대통령에 대한 '친기업' 기대감이 잦아들며 시장은 실망하고, 반대로 민주당 대통령에 대한 '반기업' 공포가 걷히면서 시장은 상승한다. 이런 패턴이 제2차 세계대전 이후 반복돼 왔다. 민주당 대통령 취임 첫해의 증시는 딱 한 번(지미 카터)을 제외하곤 모두 두 자릿수로 상승했다."

코로나 팬데믹 등 이번엔 좀 '특수 상황' 아닌가.

"과거와 다른 점이 있다면 이번 대선과 함께 진행된 총선의 결과 정도라고 본다. 적어도 중간선거 때까지는 의회가 어느 한쪽으로 치우치지 않는 팽팽한 균형을 유지하게 됐다는 점이 과거와 다르다. 상·하원 모두 여당이나 야당 한쪽이 맘대로 극단적 법안을 통과시키기 어려운 균형이 만들어졌다. 심지어 조 맨친(민주당)과 수전 콜린스(공화당) 상원의원 두 명은 '중도 연대'를 선언하며 극단적으로 정파적인 법안 통과는 저지하겠다고 선언했다. 민주당이 시장이 걱정하는 것처럼 기업에 대한 규제를 극단적으로 확대하거나 법인세를 엄청 올리기는 어렵다는 뜻이다. 시장엔 호재다. 보통은 취임 후 1년에 걸쳐 진행된 증시 상승이 이번엔 더 빠른 속도로 이뤄질 수 있다고 생각한다. 미국식 표현으론 이렇게 말한다. '크리스마스가 7월에 온다!(즐거운 일이 예상보다 빨리 일어난다)'"

이미 이렇게 많이 올랐는데 더 상승하나.(미 다우존스산업평균은 지난 24일 사상 처음으로 3만 선을 돌파했다.)

"그렇다. 정확한 숫자를 찍기는 어렵지만 바이든 취임 후 1년 동안 최소한 이전 민주당 대통령 때와 비슷한 두 자릿수 이상 상승을 예상한다. 단, 첫해의 이런 상승세는 취임 후 둘째 해까지 잘 이어지지 않는다는 점도 간과하지 말아야 한다. 내년이 상승장의 정점(頂點)이 될 가능성이 크다."

코로나 백신이 본격적으로 효과를 보이기 시작하면 시장 분위기가 또 한 차례 바뀌진 않을까.

"나는 이미 시장이 백신이라는 변수를 어느 정도 미리 반영했다고 생각한다. 주식 시장이 정말 잘하는 게 무엇이냐 하면 '선반영(pre-pricing)'이다. 시장은 4월 즈음부터는 이미 코로나 백신 이후를 보고 움직여 왔다. 그래서 나는 특히나 코로나 백신 관련주에 투자하는 것은 굉장히 위험하다고 본다. '뉴스에 팔라'는 오랜 격언이 백신주에는 딱 들어맞는다."

테크주는 어떤가. 코로나 팬데믹 이후엔 IT 등 테크주가 시장을 주도했는데 변화가 있을까.

"상승장의 통상적 패턴만 보면 '테크주는 이제 식을 때가 됐다'는 생각을 할 법도 하다. '통상적 패턴'이란 이렇다. 상승장이 3분의 2 지점 정도까지 진행되고 나면 그 끝물 즈음 대형 가치주가 부각되기 시작한다. 그러다 나머지 업종의 주가가 전반적으로 내려가며 하락장이 시작되고, 대형 가치주 홀로 승승장구하는 기간이 이어진다. 그런데 이번엔 그런 패턴과 좀 다른 점이 있다. (과거엔 가치주로 여겨지지 않았던) 테크주가 '대형 가치주'에 합세했고, 코로나가 촉발한 '디지털 전환'이 코로나 이후까지도 이어지리라는 것이다. 즉, 코로나가 끝난다 해도 테크주가 크게 하락하지는 않으리라고 본다. 상식적으로 생각해 보라. 미래는 테크의 시대라는 건 거스를 수 없는 흐름이다."

코로나가 사회에 영구적 변화를 초래한다는 건가.

"그렇다. 우리는 코로나 때문에 새로운 경험을 하고, 이를 통해 배우고 있다. 이런 인터뷰 역시 과거엔 당신이 비행기를 타고 미국에 와서 하지 않았을까. 여긴 지금 오후 8시가 다 되어 가는데, 과거엔 이 시간에 하는 인터뷰는 상상조차 못 했다. 디지털 기술을 활용해 사무실에 안 나가도 일이 처리되도록 하는 방법 역시 우리는 익히고 있다. 코로나가 끝난다고 코로나 이전 시대로 돌아갈 일은 없을 것이다. 그렇기 때문에 나는 줌(Zoom)같이 코로나가 부각한 테크주가 코로나가 사라진다고 폭락하지는 않으리라고 생각한다. 갑자기 테크주가 부진해지고 가치주가 급부상하며 둘 사이가 뒤집히기보다는, 그 둘의 간극이 다소 좁혀지는(테크주 상승률이 다소 둔화하고 가치주 상승률은 오르는) 수준일 것이라고 예상한다."

코로나 경제 위기를 방어하려고 각 나라 정부가 막대한 돈을 풀었다. 이 돈을 거둬들이면서 충격이 오지 않을까.

"2014년 테이퍼링(양적완화 축소) 때미 증시를 보면 잠시 혼란은 있었을지언정 연일 신고가를 갈아치우며 상승했다. 테이퍼링이 시장을 둔화시킬 수는 있지만 하락장을 유발할 정도는 아니다. 기억하라. 시장의 돈은 중앙은행이 아니라 적당히 먼 미래, 즉 3~30개월 정도 후의 전망을 보고 흘러간다. 내가 예측 가능한 수준의 미래에 일어날 일은 민주당 대통령 취임 후 이어질 증시 상승, 그리고 코로나가 굳힌 '디지털 전환'이다." 김신영 기자

블룸버그

1단계 >>

기업 비즈니스 모델 분석

종목명 :

① 무엇을 하는 기업인가요?

....
....
....

② 매출액을 구성하는 주요 제품은 어떻게 되나요?

....
....
....
....
....
....

③ 주요 제품의 시장점유율은 어떠한가요?

사업분야	2020	2019	2018

2단계 >>
경쟁 기업 및 장단점 분석

① 경쟁 기업은 어떤 곳이 있나요?

② 경쟁 기업과 비교해서 해당 기업의 가장 큰 장점은 무엇인가요?

③ 해당 기업의 투자 리스크는 무엇인가요?

3단계 >>
향후 실적 전망

★ 실적 : P(가격) × Q(수량) − C(비용) 을 꼭 기억하세요!

1 제품 가격 변동 가능성은?

2 판매 수량이 증가하거나 감소할 가능성은?

3 비용이 증가하거나 감소할 가능성은?

4단계 >>
기업의 가치

① 실적 추이

	2018	2019	2020	2021(예상)	2022(예상)	2023(예상)
매출액						
영업이익						
순이익						
주당배당금						

② 올해와 내년 예상 실적을 기준으로 다음을 적어보세요.

	2021	2022
PER		
PBR		
배당수익률		

③ 적정 시가 총액(주가)은 얼마라고 생각하나요?

1) 증권사 리포트나 신문기사 등을 참고하여 적어보세요.

2) 직접 계산해보세요.

순이익		이익성장률		적정 시총
	×		=	

※ 순이익은 올해 또는 내년 순이익을 말한다. 일회성 이익은 제외.
※ PER는 기업의 향후 실적 성장성에 따라 적정 PER을 선택한다. 물가상승률 정도의 성장이라면 10배, 매년 실적 성장률이 10퍼센트 이상이라면 이익성장률이 적정 PER이다.

★★ ④ 정말 싼가요? 아래에서 하나라도 해당하면 싸다고 인정!

올해 또는 내년 실적 기준 PER이 5배 이하인가요? ☐ Yes / ☐ No

현재 시총은 적정 시총보다 50퍼센트 이상 할인되어 있나요? ☐ Yes / ☐ No

배당수익률이 5퍼센트 이상이고, 향후 배당금이 유지되거나 증가할 가능성이 높나요? ☐ Yes / ☐ No

5단계 >>
신문 스크랩

신문과 증권사 리포트에서 기업의 최근 뉴스 또는 기업이 속한 산업 이슈를 오려 붙이거나 요약해서 적는다.

| 날짜 :   년   월   일 | 출처 : |

| 날짜 :   년   월   일 | 출처 : |

| 날짜 :   년   월   일 | 출처 : |

| 날짜 : 년 월 일 | 출처 : |

| 날짜 : 년 월 일 | 출처 : |

| 날짜 : 년 월 일 | 출처 : |

> 주식을 평가하는 최선의 방법은 해당 기업의 현금 흐름을 분석하는 것이다.
> - 세스 클라먼 -

1단계 >>
기업 비즈니스 모델 분석

종목명 :

① 무엇을 하는 기업인가요?

....
....
....

② 매출액을 구성하는 주요 제품은 어떻게 되나요?

....
....
....
....
....

③ 주요 제품의 시장점유율은 어떠한가요?

사업분야	2020	2019	2018

2단계 >>

경쟁 기업 및 장단점 분석

1. 경쟁 기업은 어떤 곳이 있나요?

2. 경쟁 기업과 비교해서 해당 기업의 가장 큰 장점은 무엇인가요?

3. 해당 기업의 투자 리스크는 무엇인가요?

3단계 >>
향후 실적 전망

★ **실적 : P(가격) × Q(수량) – C(비용)** 을 꼭 기억하세요!

1 제품 가격 변동 가능성은?

2 판매 수량이 증가하거나 감소할 가능성은?

3 비용이 증가하거나 감소할 가능성은?

4단계 >>

기업의 가치

① 실적 추이

	2018	2019	2020	2021(예상)	2022(예상)	2023(예상)
매출액						
영업이익						
순이익						
주당배당금						

② 올해와 내년 예상 실적을 기준으로 다음을 적어보세요.

	2021	2022
PER		
PBR		
배당수익률		

③ 적정 시가 총액(주가)은 얼마라고 생각하나요?

1) 증권사 리포트나 신문기사 등을 참고하여 적어보세요.

_____

_____

2) 직접 계산해보세요.

순이익	×	이익성장률	=	적정 시총

※ 순이익은 올해 또는 내년 순이익을 말한다. 일회성 이익은 제외.
※ PER는 기업의 향후 실적 성장성에 따라 적정 PER을 선택한다. 물가상승률 정도의 성장이라면 10배, 매년 실적 성장률이 10퍼센트 이상이라면 이익성장률이 적정 PER이다.

④ 정말 싼가요? 아래에서 하나라도 해당하면 싸다고 인정!

올해 또는 내년 실적 기준 PER이 5배 이하인가요? ☐ Yes / ☐ No

현재 시총은 적정 시총보다 50퍼센트 이상 할인되어 있나요? ☐ Yes / ☐ No

배당수익률이 5퍼센트 이상이고, 향후 배당금이 유지되거나 증가할 가능성이 높나요? ☐ Yes / ☐ No

5단계 〉〉
신문 스크랩

신문과 증권사 리포트에서 기업의 최근 뉴스 또는 기업이 속한 산업 이슈를 오려 붙이거나 요약해서 적는다.

날짜 :　　년　월　일	출처 :

날짜 :　　년　월　일	출처 :

날짜 :　　년　월　일	출처 :

날짜 : 년 월 일	출처 :

날짜 : 년 월 일	출처 :

날짜 : 년 월 일	출처 :

> 가치에 대한 확고한 신념이 있어야만 수익이 발생하지 않는 기간을 버텨낼 수 있다.
> – 하워드 막스 –

버핏 수익률 2,800,000%…
"10년 투자안할 주식, 10분도 보유말라"
(1965년~2020년)

[김기훈 전문기자의 Special Report]
버핏의 56년 대박 비결

세계경제가 코로나 백신 접종 확대로 빠른 속도로 정상화되면서 글로벌 금융시장 흐름이 크게 바뀌고 있다. 지난해 코로나 봉쇄 조치로 억눌렸던 항공·유통·에너지 등 전통산업 주식은 경제 정상화 기대감에 되살아나고 있다. 반면 기술주 가운데 향후 수익률이 의문시되는 주식은 큰 폭의 조정을 받기도 했다. 투자자들은 "다시 워런 버핏의 시대가 왔다"고 말한다. 미래에 대한 꿈보다 기업의 이익과 거시경제 지표를 중시하는 가치주 시대가 되돌아왔다는 뜻이다.

미국 버크셔 해서웨이의 워런 버핏(91) 회장은 지난 56년간 버크셔 해서웨이를 이끌며 수많은 경제 위기를 이겨내고 281만526%의 투자 수익을 올렸다. 월 스트리트 평균(2만3454%)보다 훨씬 높았다. 어떻게 했을까? 그는 "공격보다 위기 때 수비를 더 잘했다"고 자평했다. 또 "자본주의의 강점은 시장에 기반해 좋은 기업에 자본을 효과적으로 배분하는 것"이라며 "나의 투자 기반이 된 미국 경제에 감사한다"고 말했다.

오일쇼크 때 주식비중 되레 확대

1973년 10월 중동 전쟁 중에 산유국들이 석유 수출을 줄이면서 국제유가는 6개월 동안 300% 올랐다. '1차 오일쇼크'이다. 보험 사업이 주력인 버크셔 해서웨이 입장에서 자동차 운행이 줄면서 사고가 감소한 것은 호재였으나, 인플레이션(물가 상승)의 악영향이 더 컸다. 버핏은 이런 상황에서도 미국 주식 투자 비중을 더 늘렸다. 그는 "우리가 투자한 기업들의 내재가치(intrinsic business value)는 좋은 상태"라며 "1973년에는 대규모 평가손이 났지만 장기적으로 만족할 만한 성과를 낼 것으로 믿는다"고 말했다. 2차 오일쇼크 때에는 계열사들의 지출 비용을 줄이며 내실화로 위기를 견뎌나갔다.

닷컴버블 꺼지자 우량기업 싸게 인수

버핏은 1990년대 후반 닷컴 버블(거품) 당시에 닷컴 기업에 투자하지 않았다. 빠르게 변하는 IT(정보기술) 산업에서는 기업들의 내재가치를 제대로 평가하기 어렵다고 봤기 때문이다. 그러나 2000년 닷컴 버블이 붕괴되면서 기회가 찾아왔다. 주가가 급락하고 우량 기업이 시장에 싼 매물로 나왔다. 버핏은 좋은 기업을 매력적인 가격에 인수합병했다.

2001년 9·11 테러 사태는 보험사들이 전혀 예상치 못했던 사상 최악의 재난이었다. 그러나 위기는 기회였다. 버핏은 테러 위협이 지속될 것으로 보고, 월드컵과 올림픽 테러 대비용 재보험 상품을 새로 내놓고, 2002년에는 '미드 아메리칸 에너지' 등 여러 우량 대기업을 인수해 몸집을 불렸다.

금융위기 후 애플 등 IT 기업에 관심

글로벌 금융 위기 당시 버크셔 해서웨이는 1965년 버핏의 회장 취임 후 최악의 실적을 기록했다. 버핏은 당시 "기업 활동이 내가 전에 본 적이 없는 속도로 급정지했다"며 "주식, 채권, 부동산, 원자재 등 모든 분야의 자산 투자자들이 마치 배트민턴장에 뛰어든 새처럼 피를 흘리고 혼란에 휩싸였다"고 말했다. 버핏은 이러한 상황에서 4가지 대응책을 실행했다. ①풍부한 현금 확보 ②계열사 경쟁력 향상 ③기업 인수 통한 신규 수입원 창출 ④버크셔의 유능한 경영진 유지 및 확대였다. 버핏은 60조원의 보유 현금을 동원해 폭락한 주식과 싼 가격에 나온 우량 기업들을 사들였다. 16조원 상당을 골드만삭스 등 자금난을 겪는 회사에 빌려줘 수익을 냈다. 또 북미 지역의 거대 철도회사인 'BNSF'와 독일의 '쾰른재보험'을 인수해 몸집을 배로 키웠다. 상당수 계열사 경영진들은 비용 절감에 나서 영업이익을 오히려 늘렸다. 버핏은 이후 구글·아마존 등 IT(정보기술) 우량주식 투자를 놓친 것을 후회하며, 애플 등 '생필품'이 된 IT 기업에도 관심을 보이기 시작한다.

美 자본주의 향한 확고한 믿음

버핏은 코로나 사태 1년이 지난 2020년 2월 27일 주주들에게 보낸 편지에서 미국 중소기업인들의 성공 스토리를 이야기했다. 그는 "미국 전역에는 성공 스토리가 가득하다. 미국 건국 이후, 창의적 아이디어와 야망, 아주 작은 자본을 가진 개인들이 새로운 제품을 창조하거나 기존 제품에 대한 고객의 경험을 개선함으로써 그들이 원래 갖고 있던 꿈 이상의 성취를 했다"고 강조했다.

버핏은 그 사례로 100년 전 새로운 조리법을 도입했던 '시즈 캔디'와 80여년 전 자동차 보험 직접 판매 방식을 도입했던 '가이코'를 꼽았다. 버핏은 "미국의 방방곡곡에 있는 성공적인 기업가 군단에 경의를 표시해 달라"며 "인류 역사상 미국처럼 건국 후 232년간의 짧은 기간 동안에 인간의 잠재력을 발휘할 수 있도록 한 배양토는 없었다"고 평가했다. 자유, 창의, 혁신을 중시하는 미국 기업인에 대한 존경, 미국식 자본주의 시장경제의 번영에 대한 확고한 믿음이 버핏의 위기 극복 비결인 셈이다.

워런 버핏(91) 버크셔 해서웨이 회장은 월스트리트의 투자자였던 벤저민 그레이엄(1894~1976)에게서 투자법을 배워 발전시켰다. 그는 ①좋은 사업 구조와 ②유능하고 정직한 최고경영자(CEO)를 가진 ③서로 다른 분야의 몇몇 회사 주식을 ④매력적인 가격에 ⑤가능하면 지분의 80~100%를 사들여 ⑥평생 보유하는 전략을 추구했다. 보험사인 버크셔 해서웨이는 2020년 말 현재 1380억달러(약 155조원)에 달하는 보험 지급준비금을 현금성 자산으로 보유하면서 좋은 투자처가 생기면 다양한 기업(주식)에 투자해 수익을 올렸다.

버핏의 투자 전략 가운데 핵심은 ④번의 '매력적인 가격' 산정 방식이다. 그는 가치(value)와 가격(price)을 분리한다. 기업은 유형 자산과 브랜드 가치 등 고유한 내재 가치(intrinsic business value)를 갖고 있다. 반면 주식시장에서 기업 주식은 가격(주가)에 따라 거래된다. 버핏은 먼저 그 기업이 미래의 존속 기간에 매년 벌어들이는 모든 현금 수입(이익)을 매년 예상되는 금리로 할인해 현재 가치를 계산한다(현금 할인법). 이 현재 가치를 연도별로 모두 합하고 현재의 자본금을 더하면 현재 시점에서 그 기업의 내재 가치가 나온다. 이 내재 가치와 현재의 주가를 비교해 주가가 저평가되어 있다고 판단되면 사고, 고평가로 생각되면 팔았다. 버핏은 저평가 기업을 찾지 못할 경우에는 현금을 그대로 보유하거나 버크셔 해서웨이 자사주를 매입했다.

1단계 〉〉
기업 비즈니스 모델 분석

종목명 :

① 무엇을 하는 기업인가요?

② 매출액을 구성하는 주요 제품은 어떻게 되나요?

③ 주요 제품의 시장점유율은 어떠한가요?

사업분야	2020	2019	2018

2단계 >>
경쟁 기업 및 장단점 분석

1 경쟁 기업은 어떤 곳이 있나요?

2 경쟁 기업과 비교해서 해당 기업의 가장 큰 장점은 무엇인가요?

3 해당 기업의 투자 리스크는 무엇인가요?

3단계 >>

향후 실적 전망

★ 실적 : P(가격) × Q(수량) - C(비용) 을 꼭 기억하세요!

1 제품 가격 변동 가능성은?

2 판매 수량이 증가하거나 감소할 가능성은?

3 비용이 증가하거나 감소할 가능성은?

4단계 >>
기업의 가치

① 실적 추이

	2018	2019	2020	2021(예상)	2022(예상)	2023(예상)
매출액						
영업이익						
순이익						
주당배당금						

② 올해와 내년 예상 실적을 기준으로 다음을 적어보세요.

	2021	2022
PER		
PBR		
배당수익률		

③ 적정 시가 총액(주가)은 얼마라고 생각하나요?

1) 증권사 리포트나 신문기사 등을 참고하여 적어보세요.

_____

_____

2) 직접 계산해보세요.

순이익		이익성장률		적정 시총
	×		=	

※ 순이익은 올해 또는 내년 순이익을 말한다. 일회성 이익은 제외.
※ PER는 기업의 향후 실적 성장성에 따라 적정 PER을 선택한다. 물가상승률 정도의 성장이라면 10배, 매년 실적 성장률이 10퍼센트 이상이라면 이익성장률이 적정 PER이다.

④ 정말 싼가요? 아래에서 하나라도 해당하면 싸다고 인정!

올해 또는 내년 실적 기준 PER이 5배 이하인가요?   ☐ Yes / ☐ No

현재 시총은 적정 시총보다 50퍼센트 이상 할인되어 있나요?   ☐ Yes / ☐ No

배당수익률이 5퍼센트 이상이고, 향후 배당금이 유지되거나 증가할 가능성이 높나요?   ☐ Yes / ☐ No

5단계

신문 스크랩

신문과 증권사 리포트에서 기업의 최근 뉴스 또는 기업이 속한 산업 이슈를 오려 붙이거나 요약해서 적는다.

| 날짜 :   년 월 일 | 출처 : |

| 날짜 :   년 월 일 | 출처 : |

| 날짜 :   년 월 일 | 출처 : |

날짜 : 　　년　　월　　일	출처 :

날짜 : 　　년　　월　　일	출처 :

날짜 : 　　년　　월　　일	출처 :

> 우리는 비관론이 있을 때 투자하고자 한다. 우리가 비관론을 좋아해서가 아니라,
> 비관론 덕분에 주가가 싸지기 때문이다.
> - 워런 버핏 -

1단계 >>

기업 비즈니스 모델 분석

종목명 :

1 무엇을 하는 기업인가요?

---

2 매출액을 구성하는 주요 제품은 어떻게 되나요?

---

3 주요 제품의 시장점유율은 어떠한가요?

사업분야	2020	2019	2018

2단계 >>
경쟁 기업 및 장단점 분석

1 경쟁 기업은 어떤 곳이 있나요?

2 경쟁 기업과 비교해서 해당 기업의 가장 큰 장점은 무엇인가요?

3 해당 기업의 투자 리스크는 무엇인가요?

3단계 >>
향후 실적 전망

★ 실적 : P(가격) × Q(수량) − C(비용) 을 꼭 기억하세요!

① 제품 가격 변동 가능성은?

② 판매 수량이 증가하거나 감소할 가능성은?

③ 비용이 증가하거나 감소할 가능성은?

4단계 >>
기업의 가치

① 실적 추이

	2018	2019	2020	2021(예상)	2022(예상)	2023(예상)
매출액						
영업이익						
순이익						
주당배당금						

② 올해와 내년 예상 실적을 기준으로 다음을 적어보세요.

	2021	2022
PER		
PBR		
배당수익률		

③ 적정 시가 총액(주가)은 얼마라고 생각하나요?

1) 증권사 리포트나 신문기사 등을 참고하여 적어보세요.

2) 직접 계산해보세요.

순이익		이익성장률		적정 시총
	×		=	

※ 순이익은 올해 또는 내년 순이익을 말한다. 일회성 이익은 제외.
※ PER는 기업의 향후 실적 성장성에 따라 적정 PER을 선택한다. 물가상승률 정도의 성장이라면 10배, 매년 실적 성장률이 10퍼센트 이상이라면 이익성장률이 적정 PER이다.

④ 정말 싼가요? 아래에서 하나라도 해당하면 싸다고 인정!

올해 또는 내년 실적 기준 PER이 5배 이하인가요? ☐ Yes / ☐ No

현재 시총은 적정 시총보다 50퍼센트 이상 할인되어 있나요? ☐ Yes / ☐ No

배당수익률이 5퍼센트 이상이고, 향후 배당금이 유지되거나 증가할 가능성이 높나요? ☐ Yes / ☐ No

5단계 >>
신문 스크랩

신문과 증권사 리포트에서 기업의 최근 뉴스 또는 기업이 속한 산업 이슈를 오려 붙이거나 요약해서 적는다.

날짜 : 년 월 일	출처 :

날짜 : 년 월 일	출처 :

날짜 : 년 월 일	출처 :

날짜 :   년   월   일   출처 :

___

날짜 :   년   월   일   출처 :

___

날짜 :   년   월   일   출처 :

> 투자란 몇 군데 훌륭한 회사를 찾아내어 그저 엉덩이를 붙이고 눌러앉아 있는 것이다.
> — 찰리 멍거 —

파산한 회사 주식이 급등하는 황당한 세상… 개미들이여 신중히 투자하라

하워드 막스 오크트리캐피털 회장
Howard Marks

"시장 분위기의 중심축이 돈을 잃을 수 있다는 공포감에서 'FOMO(Fear of Missing Out·기회를 놓칠 수 있다는 공포감)'로 변했다. 시장엔 '잘못될 리 없다'는 낙관주의가 팽배해 있다. 무슨 뜻이냐고? 개인 투자자인 당신, 지금 신중해야 할 때란 얘기이다."

1999년 닷컴 버블, 2008년 글로벌 금융 위기로 인한 시장 붕괴를 예측했던 하워드 막스 오크트리캐피털 회장은 코로나 팬데믹(세계적 대유행) 충격에도 끝없이 상승하는 주식 시장을 이렇게 평가했다. 위기에 강한 채권 투자로 이름을 날린 막스는 시장 상황에 대한 판단을 담은 투자자 메모로도 유명하다. 워런 버핏 버크셔 해서웨이 회장은 한 인터뷰에서 "그의 메모가 메일함에 있으면 그것부터 읽는다. 꼭 무언가를 배우게 된다"고 말했다. 미국 경제성장률이 코로나 충격으로 마이너스 32.9%(연율)를 기록하는 와중에 증시는 계속 상승하는, 이 미친 시장을 그는 어떻게 평가할까. 또 이런 주식 시장에 뛰어든 '개미'들은 어떻게 대처해야 할까. 이찬우 전 국민연금 기금운용본부장과 함께 화상 인터뷰로 최근 막스 회장을 만났다.

도대체 증시는 왜 이렇게 오르나.

"우선 중앙은행과 정부가 막대한 돈을 투입했다. 미 연방준비제도(연준)는 기준금리를 '제로'로 낮추었는데, 금리가 낮아지면 자산 가격이 상승하게 되어 있다. 투자자들은 이들(중앙은행·정부)이 '경제 회복'이라는 목표를 달성하리라는 강한 믿음 아래 (팬데믹이라는) 낭떠러지 그 너머만 보고 있다. 올해는 국내총생산과 기업 수익이 많이 줄어들겠지만, 내년에는 2019년 수준으로 회복될 것으로 내다본다. 마치 2020년이 존재하지 않는 듯 행동한다."

연준 덕분이란 뜻인가.

"그렇다. 3월 중순 시장에 '연준에 맞서지 말라(Don't fight the Fed)'란 오랜 격언이 나돌기 시작했고, '실탄(돈)이 바닥날 일은 없다'는 제롬 파월 연준 의장의 발언이 투자자들의 확신을 더욱 강화시켰다. 1990년대 후반 '그린스펀 풋(Greenspan Put)'이란 말을 기억하나. 앨런 그린스펀 전 연준 의장은 (아시아 외환 위기, 닷컴 버블 등) 경제 위기가 있을 때마다 금리를 과감히 낮춰 증시를 떠받쳤다.('풋'은 투자 손실 위험을 방어할 수 있는 파생상품을 뜻한다.) 이제 투자자들은 연준이 일종의 '파월(Powell·연준 의장) 풋'에 나섰다고 믿고 있다."

연준이 무한정 돈을 뿌릴 수 있나. 부작용은 없나.

"연준의 무제한 양적 완화가 가져올 결과는, 지금으로선 '거대한 미지의 영역'에 있다. 경제에 갑

블룸버그

Economy & Company

자기 수조달러가 없어지면 인플레이션(물가 상승)이 발생하고, 달러 가치는 추락할 수 있다. 미국은 올해 이미 4조달러의 대규모 적자를 내고 있기 때문에 신용등급 강등 가능성도 배제할 수 없다.(국제 신용평가사 피치는 2일 미 신용등급 전망을 '부정적'으로 내렸다.) 한편 (연준이 막대한 돈을 푼) 금융 위기 때처럼 이번에도 괜찮을 수 있다. 내가 할 수 있는 말은 '시장이 하락할 소지가 다분해 우려스럽다'는 것이다."

그렇다면 지금 시장은 어떤가. 사이클상 고점인가, 아니면 여전히 더 오를 수 있나.

"지금과 같은 독특한 상황에서 통상적인 사이클 분석을 적용하기는 어렵다. 다만 시장을 지배하는 분위기가 낙관인지 비관인지는 살펴볼 수 있다. 만약 낙관이 넘치면 시장이 과열됐다는 뜻(하락 위험이 크다는 뜻)일 가능성이 크다. 나는 현재 시장에 비관보단 낙관이 훨씬 크다고 생각한다. 투자자들은 좋은 일만 가정하고, 나쁜 일은 못 본 척하고 있다. 신중해야 할 시점이다. 시장 반등의 속도와 정도가 놀라울 정도로 빨랐고 믿을 수 없을 만큼 너무 멀리 갔다. 주식 시장이 매력적이지 않단 뜻이다."

개인 투자자로서, 이렇게 오르는데 가만있기도 쉽지 않다.

"개인 투자자들이 주식 시장을 끌어올린 것은 맞다. 중요한 건 그들의 투자가 시장의 근본적인 가치 평가와는 거리가 멀었다는 점이다. 여행이나 식당, 리조트, 카지노처럼 코로나로 영업이 불가능한 산업의 주식이 엄청난 회복을 보였다. 가격이 폭락하니까, 그저 낮은 가격에 끌려 투자가 몰렸고 그래서 일시적으로 주가가 반등하는 듯도 보였다. 얼마나 황당한 투자가 이뤄졌느냐 하면 파산을 선언한 허츠(Hertz·렌터카 회사)에까지 돈이 몰리는 일이 생겼다. 망한 회사 주식을 사서 돈을 벌 방법은 없는데도!"(허츠 주가는 '개미 장세'로 급등했다가 바로 폭락했다.)

왜 이런 일이 발생할까.

"미국을 예로 들겠다. 정부는 코로나로 실직한 저소득 근로자에게 한 주 실업수당 600달러를 (기존 실업수당에) 추가로 지급했다. 상당수가 일하며 벌던 돈보다 더 많은 수당을 챙겼다. 주머니에 돈은 있는데 식당에 갈 수 없고, 쇼핑도 할 수 없다. 심지어 도박하러 갈 카지노도 닫았다. 그들은 결국 '세계 최대 카지노'인 주식 시장으로 눈을 돌렸다. 세상에서 가장 위험한 상황이 무엇인지 아는가. 너무 많이 풀린 돈이 몇 안 되는 투자처로 쏠리는 것이다. 지금 시장처럼 말이다."

그는 최근 낸 메모에서 주식 시장에 돈이 몰리는 지금 상황을 '공황적 매수(buying panic)'라고 표현했다.

그렇다면 오크트리는 무엇을 사고 있나.

"우리도 3월에 시장이 한때 폭락했을 때 공격적으로 투자했다. 하지만 이후 45%나 증시가 반등하고 나서 이젠 신중해야 한다는 쪽으로 입장을 바꿨다. 주로 우량한 회사의 선순위 채권에 투자하는 쪽으로 포트폴리오를 조정했다. 시장이 상승하면 덩달아 돈을 벌고, 하락한다 해도 어느 정도는 돈을 지킬 수 있는, 그런 (비교적 안전한) 자산의 투자 비율을 끌어올렸다."

'개미' 투자자들에게 당부하고픈 말이 있다면.

"제발 기대치를 합리적으로 가지길 바란다. 주식 시장은 (운이 좌우하는) 카지노가 아니다. 굉장히 전문적인 플레이어들이 참여하는 진지한 곳이다. 주식이라는 게 무엇인지, 주가가 왜 오르고 내리는지, 주가는 언젠간 하락할 수 있다는 사실을 이해하고 덤벼야 한다. 최악의 상황이 무엇인지 아는가. 아마추어가 시장에 달려들어 오로지 상승하리라는 기대감만으로 주식을 사들이고, 폭락을 겪고 나서 '바닥'에서 다 팔아버린 후, (빈털터리가 돼) 회복장엔 참여하지 못하는 것이다. '베이시(Bache)'란 증권사의 40년 전 모토를 명심하길 바란다. '열심히 조사하라. 그리고 난 후에만 투자하라.'" 신수지 기자

1단계 >>

기업 비즈니스 모델 분석

종목명 :

① 무엇을 하는 기업인가요?

・
・
・

② 매출액을 구성하는 주요 제품은 어떻게 되나요?

・
・
・
・
・
・

③ 주요 제품의 시장 점유율은 어떠한가요?

사업분야	2020	2019	2018

2단계 >>
경쟁 기업 및 장단점 분석

① 경쟁 기업은 어떤 곳이 있나요?

② 경쟁 기업과 비교해서 해당 기업의 가장 큰 장점은 무엇인가요?

③ 해당 기업의 투자 리스크는 무엇인가요?

3단계 >>
향후 실적 전망

★ **실적 : P(가격) × Q(수량) - C(비용)** 을 꼭 기억하세요!

1 제품 가격 변동 가능성은?

---

2 판매 수량이 증가하거나 감소할 가능성은?

---

3 비용이 증가하거나 감소할 가능성은?

4단계 >>
기업의 가치

① 실적 추이

	2018	2019	2020	2021(예상)	2022(예상)	2023(예상)
매출액						
영업이익						
순이익						
주당배당금						

② 올해와 내년 예상 실적을 기준으로 다음을 적어보세요.

	2021	2022
PER		
PBR		
배당수익률		

③ 적정 시가 총액(주가)은 얼마라고 생각하나요?

1) 증권사 리포트나 신문기사 등을 참고하여 적어보세요.

2) 직접 계산해보세요.

순이익		이익성장률		적정 시총
	×		=	

※ 순이익은 올해 또는 내년 순이익을 말한다. 일회성 이익은 제외.
※ PER는 기업의 향후 실적 성장성에 따라 적정 PER을 선택한다. 물가상승률 정도의 성장이라면 10배, 매년 실적 성장률이 10퍼센트 이상이라면 이익성장률이 적정 PER이다.

④ 정말 싼가요? 아래에서 하나라도 해당하면 싸다고 인정!

올해 또는 내년 실적 기준 PER이 5배 이하인가요?　　　　　　　　　　　□ Yes / □ No

현재 시총은 적정 시총보다 50퍼센트 이상 할인되어 있나요?　　　　　　□ Yes / □ No

배당수익률이 5퍼센트 이상이고, 향후 배당금이 유지되거나 증가할 가능성이 높나요? □ Yes / □ No

5단계 >>
신문 스크랩

신문과 증권사 리포트에서 기업의 최근 뉴스 또는 기업이 속한 산업 이슈를 오려 붙이거나 요약해서 적는다.

날짜 : 년 월 일	출처 :

날짜 : 년 월 일	출처 :

날짜 : 년 월 일	출처 :

날짜 : 년 월 일	출처 :

날짜 : 년 월 일	출처 :

날짜 : 년 월 일	출처 :

> 주식 시장은 확신을 요구하며, 확신이 없는 사람들은 반드시 희생된다.
> - 피터 린치 -

1단계 >>
기업 비즈니스 모델 분석

종목명 :

① 무엇을 하는 기업인가요?

_____
_____
_____

② 매출액을 구성하는 주요 제품은 어떻게 되나요?

_____
_____
_____
_____
_____
_____

③ 주요 제품의 시장점유율은 어떠한가요?

사업분야	2020	2019	2018

2단계 >>
경쟁 기업 및 장단점 분석

1 경쟁 기업은 어떤 곳이 있나요?

2 경쟁 기업과 비교해서 해당 기업의 가장 큰 장점은 무엇인가요?

3 해당 기업의 투자 리스크는 무엇인가요?

3단계 >>
향후 실적 전망

★ **실적 : P(가격) × Q(수량) – C(비용)** 을 꼭 기억하세요!

1 제품 가격 변동 가능성은?

2 판매 수량이 증가하거나 감소할 가능성은?

3 비용이 증가하거나 감소할 가능성은?

4단계

기업의 가치

① 실적 추이

	2018	2019	2020	2021(예상)	2022(예상)	2023(예상)
매출액						
영업이익						
순이익						
주당배당금						

② 올해와 내년 예상 실적을 기준으로 다음을 적어보세요.

	2021	2022
PER		
PBR		
배당수익률		

③ 적정 시가 총액(주가)은 얼마라고 생각하나요?

1) 증권사 리포트나 신문기사 등을 참고하여 적어보세요.

2) 직접 계산해보세요.

| 순이익 | | × | 이익성장률 | | = | 적정 시총 | |

※ 순이익은 올해 또는 내년 순이익을 말한다. 일회성 이익은 제외.
※ PER는 기업의 향후 실적 성장성에 따라 적정 PER을 선택한다. 물가상승률 정도의 성장이라면 10배, 매년 실적 성장률이 10퍼센트 이상이라면 이익성장률이 적정 PER이다.

④ 정말 싼가요? 아래에서 하나라도 해당하면 싸다고 인정!

올해 또는 내년 실적 기준 PER이 5배 이하인가요?	☐ Yes / ☐ No
현재 시총은 적정 시총보다 50퍼센트 이상 할인되어 있나요?	☐ Yes / ☐ No
배당수익률이 5퍼센트 이상이고, 향후 배당금이 유지되거나 증가할 가능성이 높나요?	☐ Yes / ☐ No

5단계 >>
신문 스크랩

신문과 증권사 리포트에서 기업의 최근 뉴스 또는 기업이 속한 산업 이슈를 오려 붙이거나 요약해서 적는다.

| 날짜 :   년   월   일 | 출처 : |

| 날짜 :   년   월   일 | 출처 : |

| 날짜 :   년   월   일 | 출처 : |

날짜 : 년 월 일	출처 :

날짜 : 년 월 일	출처 :

날짜 : 년 월 일	출처 :

> 투자자는 무엇이 옳고 그른지에 대해 자신만의 생각과 아이디어, 방향을 가지고 있어야 하며,
> 대중에 휩쓸려 감정적으로 행동하지 않아야 한다.
> − 앙드레 코스톨라니 −

조선일보 WEEKLY BIZ   2009년 5월 9일 월요일

28년간 1만4000% 수익…
'英 펀드매니저의 전설' 앤서니 볼튼

글로벌 주식시장, 지난 3월이 저점… 새로운 강세장은 이미 시작됐다

"피가 낭자할 때 사라"
100년간의 美증시 사이클, 투자심리,
장기 가치 보면 지금이 투자해야할 적기

미국을 대표하는 펀드매니저 하면 워런 버핏(Buffett)이나 피터 린치(Lynch)를 떠올리는 사람이 많을 것이다. 그러나 대서양 건너 유럽에도 수퍼스타가 한 명 있다. 국내엔 이름이 덜 알려져 있지만 앤서니 볼튼(Bolton·59)이 바로 그 주인공이다.

그는 영국에선 전설적 인물이다. 그의 신화(神話)는 1979년말 세계적 자산운용회사인 피델리티인터내셔널(Fidelity International)의 간판 펀드인 '글로벌스페셜시추에이션펀드'(GSSF) 운용을 맡으면서부터 시작됐다.

1979년부터 피델리티의 '글로벌스페셜시추에이션펀드'를 이끌며 28년 연속 시장 평균을 웃도는 수익률을 달성한 앤서니 볼튼은 "시장이 바닥을 쳤다"고 강조했다.

그는 이 펀드를 2007년 말까지 28년간 운용하면서 연평균 19.5%의 경이적인 수익률을 기록했다. 더욱 놀라운 것은 28년간 한 해도 빠짐없이 시장 평균(주가지수)을 능가했다는 점이다. 인덱스펀드의 창시자인 존 보글(Bogle)은 "장기적으로 시장 평균 수익률 이상을 올리는 투자자가 나올 확률은 30분의 1보다 낮다"고 지적했다. 볼튼이 이 기적과도 같은 일을 해낸 것이다.

예컨대 그가 펀드를 설정한 첫해에 1000만원을 맡겼다면 2007년엔 14억원이 됐을 것이다. 300만파운드로 출발한 펀드 규모도 지금은 60억파운드(약 11조5000억원)로 불어나 영국에서 최대 규모를 자랑한다.

그의 실적은 뮤추얼펀드의 제왕으로 불렸던 피터 린치를 오히려 능가한다. 볼튼과 함께 피델리티에서 일했던 린치는 1990년 은퇴하기 이전까지 13년간 미국에서 '마젤란펀드'를 이끌면서 2700%의 누적수익률을 올리고 펀드 규모를 1800만달러에서 140억 달러로 키웠다. 그러나 그는 13년 중 두 해는 시장 평균을 상회하는데 실패했다.

영국 가디언지는 볼튼에 대해 "이름만으로도 막대한 무게와 엄숙함을 느끼게 하는 영국 최고의 펀드매니저"라고 평가했다. 영국 더 타임스지는 작년 10월 그를 벤저민 그레이엄(Graham), 워런 버핏 등과 함께 글로벌 '톱 10' 투자 구루(guru)로 선정했다.

그렇다면, 볼튼을 전설로 이끈 마법의 연금술은 뭘까. 그는 스스로를 '역발상 투자가(contrarian)'라고

Economy & Company

부르며, 20세기 최고의 투자 대가(大家)였던 존 템플턴(John Templeton)의 적자(嫡子)임을 부인하지 않는다. 템플턴의 투자 철학은 곧 볼튼의 투자 철학인 것이다.

"주식을 사기에 가장 좋은 시기는 시장에 '피'(blood)가 낭자할 때다. 설령 그 '피' 중 일부가 당신 것일지라도 마찬가지다. 다른 사람들이 미친 듯이 팔고 있을 때 사라. 그리고 다른 사람들이 탐욕스럽게 매입할 때 팔아라."

지난 2007년말 펀드 운용에서 손을 뗀 그는 이제 피델리티인터내셔널의 투자 부문 대표를 맡아 '제2의 볼튼'을 꿈꾸는 젊은 펀드매니저들의 멘토(mentor) 역할을 하고 있다.

Weekly BIZ는 지난달 30일 피델리티 홍콩사무소에서 그를 만나 약 1시30분 동안 단독 인터뷰했다. 자리에 앉자마자 가장 궁금한 것부터 단도직입으로 물어봤다.

주식 시장이 언제쯤 바닥을 찍을까요?

"제 경험으로 보면 주식 시장 예측은 정말 쉽지 않죠. 제가 공개적으로 강하게 시장 전망을 내놨던 것도 6번쯤에 불과해요. 오늘도 바로 그날인데요. 제 생각에 시장이 3월에 바닥을 찍었고, 새로운 불 마켓(bull market·강세장)은 이미 시작됐어요."

그의 눈빛과 어조(語調)는 확신에 차 있었다. 사실 그는 작년 9월말 미국 정부의 은행 구제 금융안이 의회에서 부결돼 증시에 비관론이 팽배할 때조차 이렇게 말했다. "내 평생 주가가 지금처럼 쌌던 걸 본 적이 없다. 영국 증시는 바닥에 근접했다." 그리고 그는 이때부터 이미 개인 돈을 펀드에 투자하기 시작했다고 밝혔다.

바닥을 찍었다는 근거가 뭔가요?

"주식 시장의 저점(低點)을 포착할 때 3가지는 큰 도움이 되고, 1가지는 별 도움이 되지 않습니다. 도움이 되는 3가지 중 첫째는 주식 시장의 사이클을 보는 것이죠. 시장이 얼마나 오랫동안, 얼마나 큰 폭으로 상승 또는 하락했느냐는 겁니다. 둘째, 사람들의 심리(sentiment)와 행동인데, 사람들이 주식 시장에 대해 낙관(bullish)할 때 저는 신중하고, 사람들이 비관(bearish)할 때는 오히려 낙관합니다. 마지막으로 장기적인 가치 평가(valuation)가 있습니다. 저는 20년 이상의 가치 평가를 중시합니다."

도움이 안 되는 1가지는 무엇인가요?

"경제 전망에 의존하는 것입니다. 왜냐하면 시장이 좋을 때 경제 전망은 늘 환상적인데, 지금처럼 안 좋을 때면 거꾸로 항상 암울하지 않습니까. 그것만 갖고 시장 타이밍을 맞추기는 굉장히 힘들어요. 제가 보기에 경제가 아직 좋지는 않지만, 덜 나빠지고 있다는 조기(早期) 신호가 보이기 시작했어요. 앞으로 몇 개월간 그런 신호가 좀 더 계속될 것으로 봅니다."

그는 '왜 지금이 투자할 때인가'를 10여 가지 지표를 보여주며 상세히 설명했다. 가장 대표적인 게 지난 100년간 미국 증시 사이클이다.

"미국 주가가 2007년부터 올 4월까지 57%가 떨어졌어요. 대공황 당시 1929년부터 1932년까지 86% 떨어진 이후 두 번째로 나쁩니다. 이게 무슨 뜻이겠어요. 오를 일만 남았다는 뜻이죠."

그는 이어 미국의 시가총액 대비 MMF(머니마켓펀드) 수탁액 비율 그래프를 가리켰다. 현재 이 비율은 50%로 30년 만에 최고치를 기록 중이다. 그는 "투자자들이 손실을 우려해 현금 보유 비중을 늘리고 있다는 뜻"이라며 "시장에 투자 대기자금이 많기 때문에 강세장이 오면 더 강한 상승이 나타날 수 있다"고 말했다. 홍콩=유하룡 기자

1단계 >> 기업 비즈니스 모델 분석

종목명 :

① 무엇을 하는 기업인가요?

....
....
....

② 매출액을 구성하는 주요 제품은 어떻게 되나요?

....
....
....
....
....
....

③ 주요 제품의 시장점유율은 어떠한가요?

사업분야	2020	2019	2018

2단계 >>

경쟁 기업 및 장단점 분석

1 경쟁 기업은 어떤 곳이 있나요?

2 경쟁 기업과 비교해서 해당 기업의 가장 큰 장점은 무엇인가요?

3 해당 기업의 투자 리스크는 무엇인가요?

3단계 >>
향후 실적 전망

★ 실적 : P(가격) × Q(수량) − C(비용) 을 꼭 기억하세요!

1 제품 가격 변동 가능성은?

2 판매 수량이 증가하거나 감소할 가능성은?

3 비용이 증가하거나 감소할 가능성은?

4단계 >>

기업의 가치

① 실적 추이

	2018	2019	2020	2021(예상)	2022(예상)	2023(예상)
매출액						
영업이익						
순이익						
주당배당금						

② 올해와 내년 예상 실적을 기준으로 다음을 적어보세요.

	2021	2022
PER		
PBR		
배당수익률		

③ 적정 시가 총액(주가)은 얼마라고 생각하나요?

1) 증권사 리포트나 신문기사 등을 참고하여 적어보세요.

2) 직접 계산해보세요.

순이익	×	이익성장률	=	적정 시총

※ 순이익은 올해 또는 내년 순이익을 말한다. 일회성 이익은 제외.
※ PER는 기업의 향후 실적 성장성에 따라 적정 PER을 선택한다. 물가상승률 정도의 성장이라면 10배, 매년 실적 성장률이 10퍼센트 이상이라면 이익성장률이 적정 PER이다.

④ 정말 싼가요? 아래에서 하나라도 해당하면 싸다고 인정!

올해 또는 내년 실적 기준 PER이 5배 이하인가요? ☐ Yes / ☐ No

현재 시총은 적정 시총보다 50퍼센트 이상 할인되어 있나요? ☐ Yes / ☐ No

배당수익률이 5퍼센트 이상이고, 향후 배당금이 유지되거나 증가할 가능성이 높나요? ☐ Yes / ☐ No

5단계 >>
신문 스크랩

신문과 증권사 리포트에서 기업의 최근 뉴스 또는 기업이 속한 산업 이슈를 오려 붙이거나 요약해서 적는다.

| 날짜 :   년   월   일 | 출처 : |

| 날짜 :   년   월   일 | 출처 : |

| 날짜 :   년   월   일 | 출처 : |

| 날짜 :   년   월   일 | 출처 : |

| 날짜 :   년   월   일 | 출처 : |

| 날짜 :   년   월   일 | 출처 : |

> 어떤 투자자의 보유 종목 수가 너무 많다는 것은 그 투자자가 주도면밀하다는 의미가 아니라 자신에게 확신이 없다는 의미다.
> - 필립 피셔 -

1단계 >>

기업 비즈니스 모델 분석

종목명 :

① 무엇을 하는 기업인가요?

....
....
....

② 매출액을 구성하는 주요 제품은 어떻게 되나요?

....
....
....
....
....

③ 주요 제품의 시장점유율은 어떠한가요?

사업분야	2020	2019	2018

2단계 >>

경쟁 기업 및 장단점 분석

1 경쟁 기업은 어떤 곳이 있나요?

2 경쟁 기업과 비교해서 해당 기업의 가장 큰 장점은 무엇인가요?

3 해당 기업의 투자 리스크는 무엇인가요?

3단계 >>
향후 실적 전망

★ 실적 : P(가격) × Q(수량) - C(비용) 을 꼭 기억하세요!

1 제품 가격 변동 가능성은?

2 판매 수량이 증가하거나 감소할 가능성은?

3 비용이 증가하거나 감소할 가능성은?

4단계

기업의 가치

① 실적 추이

	2018	2019	2020	2021(예상)	2022(예상)	2023(예상)
매출액						
영업이익						
순이익						
주당배당금						

② 올해와 내년 예상 실적을 기준으로 다음을 적어보세요.

	2021	2022
PER		
PBR		
배당수익률		

③ 적정 시가 총액(주가)은 얼마라고 생각하나요?

1) 증권사 리포트나 신문기사 등을 참고하여 적어보세요.

---

2) 직접 계산해보세요.

순이익	×	이익성장률	=	적정 시총

※ 순이익은 올해 또는 내년 순이익을 말한다. 일회성 이익은 제외.
※ PER는 기업의 향후 실적 성장성에 따라 적정 PER을 선택한다. 물가상승률 정도의 성장이라면 10배, 매년 실적 성장률이 10퍼센트 이상이라면 이익성장률이 적정 PER이다.

④ 정말 싼가요? 아래에서 하나라도 해당하면 싸다고 인정!

올해 또는 내년 실적 기준 PER이 5배 이하인가요? ☐ Yes / ☐ No

현재 시총은 적정 시총보다 50퍼센트 이상 할인되어 있나요? ☐ Yes / ☐ No

배당수익률이 5퍼센트 이상이고, 향후 배당금이 유지되거나 증가할 가능성이 높나요? ☐ Yes / ☐ No

5단계

신문 스크랩

신문과 증권사 리포트에서 기업의 최근 뉴스 또는 기업이 속한 산업 이슈를 오려 붙이거나 요약해서 적는다.

| 날짜 :   년   월   일 | 출처 : |

| 날짜 :   년   월   일 | 출처 : |

| 날짜 :   년   월   일 | 출처 : |

| 날짜 : 　　년　　월　　일 | 출처 : |

| 날짜 : 　　년　　월　　일 | 출처 : |

| 날짜 : 　　년　　월　　일 | 출처 : |

> 최적의 매수 타이밍은 시장에 피가 낭자할 때다.
> 설령 그것이 당신의 피일지라도 말이다.
> — 존 템플턴 —